JOURNALISMUS · BAND 26 (neue Folge)

Schriftenreihe der Stiftervereinigung der Presse

JOURNALISMUS

Band 26
(neue Folge)

Herausgegeben
von Franz Ronneberger und Karl Bringmann

Begründet 1960
als Schriftenreihe des Deutschen Instituts für publizistische
Bildungsarbeit in Düsseldorf
von Emil Dovifat † und Karl Bringmann

Außeruniversitäre Aus- und Weiterbildung für publizistische Berufe

Konzepte – Kriterien – Konturen

Eingeleitet und herausgegeben von
Heinz-Dietrich Fischer

Mit Beiträgen von
Gabriele Bartelt-Kircher, Anton Magnus Dorn, Heinz-Dietrich Fischer,
Werner von Hadel, Hans-Günther Herppich, Klaus G. Saur,
Karl Volker Schmitt, Armin Sellheim, Günther Schulze-Fürstenow,
Heinz D. Stuckmann, Helmut Völkel

Universitätsverlag Konstanz GmbH

ISBN 3 87940 332 5
© Universitätsverlag Konstanz GmbH, Konstanz 1987

Gesamtherstellung:
Universitäts-Druckerei Konstanz GmbH, Konstanz

Professor Dr. phil.

Karl Bringmann

– dem engagierten Verfechter
journalistischer Aus- und Weiterbildung –

*aus Anlaß seines 75. Geburtstages
gewidmet*

Inhaltsverzeichnis

Vorwort 9

I. *Einleitung* 11

    HEINZ-DIETRICH FISCHER
    Universitäre und außeruniversitäre Aus- und Weiterbildung für
    Kommunikationsberufe – Partner oder Konkurrenten? 13

II. *Allgemeinpublizistische Ausbildung* 39

    ARMIN SELLHEIM
    Akademie für Publizistik 41

    WERNER VON HADEL
    Deutsches Institut für publizistische Bildungsarbeit 55

III. *Printmedien-Akzentuierung* 65

    HEINZ D. STUCKMANN
    Kölner Schule – Institut für Publizistik e. V. 67

    KLAUS G. SAUR
    Intentionen der Aus- und Weiterbildung im Sektor Buchwesen . . . 76

IV. *Kirchliche Publizistik* 83

    HELMUT VÖLKEL
    cpa – Christliche Presse-Akademie 85

    ANTON MAGNUS DORN
    Institut zur Förderung publizistischen Nachwuchses e. V. 94

V. *Werbung/PR* 111

    HANS-GÜNTHER HERPPICH
    Werbefachliche Akademie Köln e. V. 113

GÜNTHER SCHULZE-FÜRSTENOW
DIPR – Deutsches Institut für Public Relations e.V. 124

VI. *Betriebliche Bildung* 139

GABRIELE BARTELT-KIRCHER
Zeitungsgruppe WAZ – Ausbildungsredaktion 141

KARL VOLKER SCHMITT
ZFP – Zentrale Fortbildung der Programm-Mitarbeiter ARD/ZDF . 145

Auswahlbibliographie 157
Kurzbiographien der Autoren 160

Vorwort

Während sich jahrzehntelang relativ wenig auf dem Sektor der universitären wie auch der nicht-hochschulgebundenen Ausbildungsgänge für Kommunikationsberufe tat, haben sich die Dinge in den letzten Jahren nahezu sprunghaft verändert. Manche Hochschulen kreierten neue journalistische bzw. publizistisch orientierte Studiengänge, andere firmierten bestehende Ausbildungsgänge um, damit den Absolventen zusätzliche Berufschancen eröffnet oder zumindest vorgegaukelt werden können. Eine nahezu schon unübersehbare Anzahl von Hochschulen arbeitet zudem mit dem vagen, viel- und zugleich wenig aussagenden Begriff der medienbezogenen Ausbildung, was immer darunter im einzelnen auch zu verstehen ist. Zwischen häufig ungerechtfertigtem Erwecken von Hoffnungen und reinem Etikettenschwindel ist der Unterschied bisweilen nur graduell.

Warum dies alles? Die Tätigkeit in Medien, die immer schon beträchtliche Faszination ausübte, wird zunehmend auch für Studierende attraktiv, die sich zunächst völlig anderen Fächern zuwandten. Man möchte – völlig verständlich – aus der Chancen- und Perspektivenlosigkeit mancher Studiengänge herauskommen und setzt häufig eine Übererwartung in publizistische Tätigkeitsfelder, für die – außer einem sicherlich ernsthaft existierenden Interesse – selten die ausbildungsmäßigen Voraussetzungen gegeben sind: Insbesondere stellungslose Pädagogen und Philologen, Historiker und Sozialwissenschaftler drängen zunehmend in einen Berufsmarkt, der weitgehend verstopft ist und bei dem – rein quantitativ – nur noch relativ wenige eine echte Unterkommenschance finden dürften. Denn Volontärs- und sonstige Ausbildungsplätze sind nicht selten schon über Jahre im voraus »ausgebucht«.

In vielen Bereichen der Kommunikationspraxis bewirkte die – undurchsichtige – Vielfalt von Hochschulausbildungsgängen nicht selten Irritation. Zunehmend begann man, den hochschulgebundenen Ausbildungsprogrammen zu mißtrauen, je mehr man als Meßlatte für deren Qualität die Frage der sogenannten »Praxisnähe« stellte. Da diese Frage nicht immer leicht zu beantworten war, sann man in den Medien zunehmend nach Alternativen, die eine Garantie für adäquate praxisnahe Ausbildung darstellen sollten. So kam man zunehmend auf die Idee, eigene Ausbildungseinrichtungen betrieblicher und außerbetrieblicher

Art zu inaugurieren, bei denen man sicher zu sein glaubte, daß die dort vermittelte Ausbildung den tatsächlichen Praxiserfordernissen genügte. Publizistische Großunternehmen verselbständigten sich bald auf diesem Gebiet, nachdem zuvor schon einige Aus- und Weiterbildungsgänge außeruniversitärer Art eine gewisse Vorreiterfunktion erfüllt hatten.

Die Vielfalt der außeruniversitären Ausbildungseinrichtungen dieser Art ließ die Frage aufkommen nach den Ausbildungsmodellen selbst, den Curricula und den Unterkommenschancen für Absolventen. Da es bislang kaum eine dieses Thema gesamtheitlich aufarbeitende Literatur gibt, wurde die Sektion für Publizistik und Kommunikation der Ruhr-Universität Bochum aktiv, indem sie Experten aus verschiedenen außeruniversitären Aus- und/oder Weiterbildungseinrichtungen der Publizistik zu Gastvorträgen im Rahmen einer Ringvorlesung einlud, die während des Sommersemesters 1986 durchgeführt werden konnte. Die Vorlesungsreihe wurde ebenso von der Stiftervereinigung der Presse gefördert wie der vorliegende Sammelband, außerdem bewilligte die Anton-Betz-Stiftung der Rheinischen Post einen Druckkostenzuschuß. Herrn Prof. Dr. Karl Bringmann, der die verschiedenen Mittel besorgte und die Veröffentlichung in die Schriftenreihe *Journalismus* aufnahm, sei für seine Bemühungen ein aufrichtiges Dankeschön gesagt!

Bochum, im Juni 1987   Heinz-Dietrich Fischer

I. Einleitung

Heinz-Dietrich Fischer

Universitäre und außeruniversitäre Aus- und Weiterbildung für Kommunikationsberufe – Partner oder Konkurrenten?*

»Journalistenausbildung«, so brachte Karl Bringmann das Grunddilemma einmal auf einen knappen Nenner, »ist nicht erst seit heute oder seit einigen Jahren ein Reizwort. Sie steht, seit sich der Journalist sowohl vom Beruf des Postmeisters als auch von der Aureole des Schriftstellers gelöst hat, in einem mehrfach sich überschneidenden Koordinatennetz: Hier die Praxis mit dem Vorrang der betrieblichen Ausbildung, also dem Volontariat alter und neuer Schule, dort die Theorie, verkörpert durch das wissenschaftliche Studienfach der Publizistik. Aber auch dieser Gegensatz reicht zur Erfassung noch nicht aus: im Volontariat gibt es, fast von Zeitung zu Zeitung, die größten Unterschiede, vom altbekannten ›Ins-Wasser-Werfen, um Schwimmen zu lernen‹ bis zu ausgefeilten Bildungsplänen einiger Blätter, die ihre Volontäre regelmäßig zu eigenen Kursen zusammenholen oder gar in Lehrredaktionen arbeiten lassen. Ähnlich ist's bei der Wissenschaft: Von der Publizistik-Wissenschaft, die auf den soziologisch stark verfremdeten Grundlagen der guten alten Zeitungswissenschaft der 20er Jahre aufbaut, bis zu dem neuen Studienfach, das sich ›Journalistik‹ nennt, [...] und zu den sogenannten ›Aufbaustudiengängen‹ an einigen Hochschulen, in denen fertige Akademiker nun auch noch etwas Publizistik hinzulernen sollen [...]«.[1]

Rechnet man schließlich noch jene universitären Ausbildungsgänge oder Studieneinrichtungen hinzu, die sich als »Medienwissenschaft« bezeichnen, so ist möglicherweise nicht nur bei Außenstehenden eine gewisse Irritation über die Intentionen und Ambitionen der verschiedenen »Ansätze« gegeben, die nämlich alle vorgeben, für Berufe in Kommunikationsmedien auszubilden oder zumindest eine adäquate Vorbildung für entsprechende Berufsfelder zu offerieren.[2] Nicht nur die inflationäre Ausweitung des Kommunikationsbegriffs weit über mediale und interpersonale Austauschformen hinaus, sondern auch die höchst heterogenen journalistik-, publizistik- oder medienwissenschaftlich titulierten Hochschulinstitute signalisieren das terminologische und konzeptionelle Wirrwarr gleichermaßen. Da Konsensus nur über relativ wenige Gemeinsamkeiten

---

* Überarbeitete Fassung einer Vorlesung an der Ruhr-Universität Bochum vom 22. April 1986.

existiert, man indes häufig um die eigene Profilierung bemüht ist, erscheint die Außendarstellung dieser Fachrichtung höchst schillernd. »Das liegt nicht nur an der sozusagen monadischen Existenzform dieser Einrichtungen«, wie Otto B. Roegele die Situation einmal treffend beschrieb, »sondern auch an mannigfachen externen Bedingungen, an der Verschiedenheit von Studienordnungen, Lehrplänen, Prüfungsbestimmungen und Semesterterminen«.[3]

Das Fach selbst ist – wo immer und unter welchem Label es existiert – fast überall in einen permanenten »Drei-Fronten-Krieg« verstrickt: Da sind einmal – völlig legitim – die Erwartungen und Ansprüche von Studienanfängern, innerhalb dieser Ausbildung jenes Ausmaß an konkret anwendbarem bzw. umsetzbarem »Praxiswissen« zu erlangen, das eine direkte Berufsaufnahme nach dem Abschluß ermöglicht. Dabei wird leider allzu häufig übersehen, daß die meisten universitären Studiengänge bestenfalls berufs*vorbereitend* auszubilden vermögen und daß manche mehr handwerklich-praktischen Dinge durch Studien- und Prüfungsordnungen nur peripher toleriert oder gar ausgeschlossen werden.[4] Dadurch entsteht bei der publizistischen Praxis naturgemäß immer wieder der Eindruck einer praxisfernen Ausbildung, was häufig auf die Kurzformel gebracht wird, an der Universität dominiere eindeutig die »Theorie«. Neben den beiden genannten Faktoren, »Studienordnungen« und »Praxiserwartungen«, kommen seit Jahren noch weitere, nicht minder schwerwiegende Erwartungen hinzu, die an keine andere Hochschuldisziplin dermaßen penetrant gestellt werden. Zunehmend reklamieren rat- und hilflose Medienpolitiker von diesem Fach geradezu Wunderdinge, so die Dauerforderung, man möge doch endlich eine Art »Handformel« für publizistische Wirkungsfragen entwickeln.[5]

Das Fach Publizistik- und Kommunikationswissenschaft, das zudem personell und materiell nicht unbedingt zu den gehätschelten Disziplinen der Hochschulen zählt, sondern in der Regel knappestmöglich ausgestattet ist, wird somit von verschiedensten Seiten in eine Anspruchs- und Leistungserwartung hineinkatapultiert, die es in manchen Belangen überhaupt nicht zu realisieren imstande ist: (1.) studentische Erwartungen, (2.) nicht immer klar artikulierte und häufig relativ heterogene Erwartungen einer höchst differenzierten publizistischen Praxis sowie (3.) Erwartungen und Forderungen der Medienpolitik im Hinblick auf die Bereitstellung von probaten Lösungen für zum Teil höchst komplexe kommunikationswissenschaftliche Fragen. Insofern ist dieses Fach, das sich mit Phänomenen der öffentlichen Kommunikation befaßt, selber allzu häufig Objekt öffentlicher Hinterfragung bzw. Diskussion – jeweils aus der Perspektive der unterschiedlichen Anspruchs- und Erwartungsanmelder. Bei Studienanfängern geistert zudem häufig auch ein vages Verständnis von praktischer Publizistik in den Köpfen herum, das weniger auf Primärerfahrungen beruht, sondern zum Teil medienvermittelt oder gar Wissen aus zweiter oder dritter Hand ist![6]

So beklagte beispielsweise eine ehemalige Studentin der Münchener Hochschule für Film und Fernsehen anläßlich eines Symposions, daß die meisten Studenten dieses Ausbildungsganges »schon von ihrem ersten ›Oscar‹ träumten, wenn sie an die Akademie kämen, und dabei versäumten, die technischen und handwerklichen Voraussetzungen für das Filmemachen zu erlernen«.[7] Wie, so ließe sich diese Frage übertragen, schaut es bei Studienanfängern des Faches Publizistik- und Kommunikationswissenschaft aus – was ist ihre Karriereerwartung? Schwebt auch manchen von ihnen vor, relativ rasch nach Absolvieren des universitären Ausbildungsganges einen Adolf-Grimme-Preis[8] für herausragende fernsehpublizistische Leistungen zu ergattern? Oder denkt dieser oder jener schon früh daran, baldmöglichst mit der hierzulande höchstrangigen pressejournalistischen Ehrung, dem Theodor-Wolff-Preis,[9] bedacht zu werden? Oder ist die Erwartung gegeben, allein aufgrund des akademischen Abschlusses schon bald in die »höheren Etagen« der publizistischen Praxis aufzusteigen? Wie dem im einzelnen auch sein mag: nur relativ wenige Hochschulabsolventen dürften tatsächlich imstande sein, ihre beruflichen Chancen realistisch einzuschätzen.

Die bisweilen hervortretende Diskrepanz zwischen erklärtem Ausbildungsziel unseres Faches und heterogenen Außenerwartungen führt halt nicht selten dort, wo eine Verbindungslinie zur Praxis kaum noch erkannt oder anerkannt wird, zu jenem resignativen Urteil nicht weniger Medien-Praktiker, wonach man dieses Fach möglichst nicht oder – falls unumgänglich – bestenfalls im Nebenfach studieren solle. Bei solcherlei Attitüden gegenüber unserer Disziplin kommt noch ein weiteres Problem in unser Blickfeld: die bisweilen auch heute noch anzutreffende generelle Ablehnung oder zumindest doch Skepsis bei zahlreichen »gestandenen Medienleuten« gegenüber jedwedem Studium, das sich akademisch begreift. Verständlich ist diese Rundheraus-Ablehnung allein auf dem Hintergrund der Tatsache, daß in einen vordem weitgehend – bis in höchste Positionen – nicht akademisch besetzten Bereich nun zunehmend Hochschulabsolventen drängen, die hier und da als Bedrohung empfunden werden. Sind somit Akademiker insgesamt schon höchst verdächtig, so unterliegen die Absolventen unseres Studienfaches noch zusätzlicher Observanz, mißversteht man sie doch bisweilen als besserwisserische Hineinmogler in ein Metier, das in den Augen noch mancher »Praktiker« primär begabungsorientiert und damit nicht notwendigerweise akademisch geprägt ist.[10]

Hier prallen also die Philosophien des »on the job«-Trainings, wie es traditionell durch das Volontariat bei Presseorganen oder Rundfunkanstalten gegeben war, auf das Verständnis einer abgeschlossenen akademischen Ausbildung, das in der Regel durch Titel ausgewiesen ist und somit potentiell Provokationen und Neidkomplexe bei manchen Nichtakademikern in publizistischen Berufen auslöst. Das ist beispielsweise völlig anders bei Humanmedizinern, wo traditionell

Beispiele publizistikwissenschaftlicher Lehrveranstaltungen an deutschen Universitäten während der endzwanziger Jahre

Schwarzes Brett.

Deutschland.

= **Unversität Berlin.** Auf Antrag der juristischen Fakultät der Berliner Universität hat das Ministerium für Wissenschaft, Kunst und Volksbildung einen Lehrstuhl für Preßrecht geschaffen. Der Lehrauftrag wurde dem Ministerialdirigenten im Reichsministerium des Innern, Dr. Kurt Häntzschel, übertragen. Dr. H. gilt als Autorität auf dem Gebiete des Preßrechts und hat sich durch zahlreiche Veröffentlichungen und durch Vorträge auf deutschen und internationalen Fachkonferenzen einen Namen gemacht. Die Neugestaltung des deutschen Preßrechts liegt maßgebend in seiner Hand. Dr. H. zählt zu den Mitarbeitern der »Zeitungswissenschaft«, in der auch seine verschiedenen Werke eingehende und anerkennende Würdigung erfahren haben. Die neue Disziplin der Zeitungswissenschaft hat sowohl in der Errichtung des Lehrstuhls wie auch in der Person des Dozenten eine wertvolle Erweiterung erfahren.

= **Universität Berlin.** Professor D. Hinderer, Leiter des Seminars für Publizistik an der Universität Berlin, wird im Wintersemester 1929/30 folgende Vorlesungen und Übungen wahrnehmen:
1. Protestantismus und Presse, insbesondere Zeitungsethik.
2. Öffentliche Meinung und Presse in ihren psychologischen und soziologischen Grundlagen.
3. Arbeitsgemeinschaft für Publizistik.

Universität Freiburg. Im Wintersemester 1929/30 liest Univ.-Professor Dr. Kapp über Historisch-psychologische Analyse der »öffentlichen Meinung« und über die »Problematik der nationalen Minderheiten«.

Gegenstand der Übungen im Seminar für Publizistik und Zeitungswesen wird voraussichtlich sein: Motive und Tendenzen bei der Gestaltung des politischen und feuilletonistischen Stoffes in der Großen Presse der Gegenwart. Im politischen Kolloquium werden die aktuellsten politischen u. sozialen Zeit- und Streitfragen behandelt.

Im Sommersemester 1929 galten die seminaristischen Übungen Untersuchungen über die Auslandsberichterstattung der deutschen Presse nebst Analyse einiger ihrer prominenten Vertreter.

Universität Halle. Aus dem Jahresbericht über das Institut für Zeitungswesen an der Universität Halle, den dessen Leiter Professor Dr. Fleischmann für die Zeit vom 1. April 1928 bis 31. März 1929 erstattete, entnehmen wir folgendes:

Im Sommerhalbjahr 1928 ist die Zahl der Mitglieder auf 39 gestiegen, darunter 4 Theologen, 18 Juristen, 3 Volkswirte, 6 Germanisten und Historiker, 1 Musikstudierender, 1 Landwirt; außerdem 2 Referendare, 1 Diplom-Volkswirt, 1 Handels- und 1 Hilfsredakteur.

Übungen wurden gehalten: von dem Leiter Professor Dr. Fleischmann (Geschichte der politischen Parteien); von Dr. Lüddecke über den »Handelsteil der Tageszeitung, seinen Aufbau und seine Probleme«, diese Übungen waren anschaulich gemacht durch Besichtigung der Cröllwitzer Papierfabrik und anderer industrieller Unternehmungen.

Durch Einzelvorträge beteiligten sich an der Arbeit des Instituts:
Prof. Dr. Eißfeldt (Das evang.-kirchliche Pressewesen),
Chefredakteur Dr. Elze (Wer und was ist ein Journalist?)
Syndikus Dr. Pape aus Berlin (Über Fachzeitschriften),
Prof. Dr. Schering, Berlin (Die Musikkritik im 19. Jahrh.).

In das Arbeitsgebiet des Instituts fielen die Vorlesungen von Prof. Hellm. Wolff (Einführung in die Zeitungskunde) und von Prof. Kitzinger (Das Recht der Presse).

Im Winterhalbjahr 1928/29 betrug die Zahl der Mitglieder 30; sie verteilten sich auf folgende Fachkreise: 5 Theologen, 10 Juristen, 4 Germanisten und Historiker, 3 Philologen, 1 Naturwissenschaftler, 1 Landwirt, 1 Musikstudierender, 4 Referendare und 1 Diplom-Volkswirt.

Prof. Fleischmann sprach über die Geschichte des Zeitungswesens (bis zum Beginn des 19. Jahrhunderts). Dr. Lüddecke setzte die Vorlesung des Sommerhalbjahres fort mit dem Ziel der Einführung in die Wirtschaftsberichterstattung (Quellen der Wirtschaftsnachrichten, ihre interessenmäßige Färbung sowie die Tätigkeit des Handelsredakteurs); den Teilnehmern wurden besondere Arbeitsaufgaben gestellt, zu diesem Zweck auch Betriebe der mitteldeutschen Wirtschaft besichtigt.

Prof. Sommerland hielt zeitungswissenschaftliche Übungen (Führende Männer in Presse, Zeitungs- und Buchverlag).

Durch Einzelvorträge beteiligten sich an den Arbeiten des Instituts:
Geheimrat Finger (Die psychologischen und soziologischen Grundlagen der Entstehung der öffentlichen Meinung und die Mittel ihrer Beeinflussung),

Quelle: Karl d'Ester / Walther Heide (Hrsg.): Zeitungswissenschaft. Zweimonatsschrift für internationale Zeitungsforschung (Berlin), 4. Jg./Nr. 5, 15. September 1929, S. 307.

allein der akademisch Ausgebildete diesen Heilberuf auszuüben berechtigt ist, ähnlich wie beim Juristen, sei er nun als Anwalt oder als Richter tätig. Außenseiter sind hier Heilpraktiker und Rechtsberater. Durch die Einführung von Diplomstudiengängen wird in zahlreichen anderen Berufen der Anschein erweckt, als sei ein akademischer Studienabschluß der einzige Weg zur Berufsausübung im jeweiligen Bereich. Das ist noch am ehesten beim Diplom-Psychologen gegeben, wo man – angenähert an das Vorbild der Ärzte – eine approbationsähnliche Zulassungspraxis schuf. Aber als Prokurist kann auch heute noch jemand in einem Betrieb tätig sein, der kein abgeschlossenes Wirtschaftsstudium hinter sich gebracht hat. Auch als Journalist kann man nach wie vor aufgrund unterschiedlicher Vor- bzw. Ausbildung reüssieren.[11]

Um die Schwierigkeiten eines publizistik- und kommunikationswissenschaftlichen Studienganges etwas weiter zu problematisieren, sei noch einmal auf den unterschiedlichen, vagen, zum Teil widersprüchlichen »Praxisbegriff« zurückgekommen, den sozusagen jedermann nach seinem Verständnis (oder Mißverständnis) verwendet: Spricht z. B. der praktizierende Journalist von »Praxisbezug«, so meint er häufig auch und insbesondere das primär handwerklich-außerwissenschaftliche Umgehen mit publizistischen »Rohstoffen«, also Texten, Bändern etc. Spricht hingegen jemand aus der Werbepublizistik von Praxis, so kann das schon etwas völlig anderes bedeuten, nämlich die Betonung des Umganges mit psychologischen, linguistischen, graphischen Umsetzungsmechanismen. Für den Demoskopen schließlich kann der Begriff »Praxis« bereits eine quasi-wissenschaftliche Vokabel sein, nämlich primär das Vermögen ansprechen, empirische Methoden und Verfahrensweisen auf die Bedürfnisse der Markt- und Meinungsforschung anzuwenden. Schließlich sei auch nicht die lehr- und forschungsorientierte Ausbildung innerhalb eines Studienganges Publizistik- und Kommunikationswissenschaft im Hinblick auf die Rekrutierung von wissenschaftlichem Nachwuchs vergessen – eine Intention, die dem Fach in zurückliegenden Zeiten geradezu vorwurfsvoll als angeblich einziges Ausbildungsziel unterstellt wurde.[12]

Man betreibt somit ständig eine gewisse Gratwanderung oder den berühmten »Ritt auf der Rasierklinge«, es jedermann recht machen zu müssen oder zumindest zu sollen, nämlich allen potentiellen Nachfragern, davon zuallererst den Studenten des Faches Publizistik- und Kommunikationswissenschaft. Dabei muß hinreichend Flexibilität im Ausbildungssystem sein – nicht immer und in jedem Semester wohlproportioniert –, um relativ vorwissenschaftlichen, jedoch nicht weniger wichtigen Fragen im Stil eines Fachhochschulstudienganges ebenso zu genügen wie anspruchsvolleren wissenschaftstheoretischen, -analytischen und prognostischen Untersuchungen auf Spitzenniveau. Diese ständige Problematik der Anpassung an sowohl Volkshochschul- als auch Harvard-

Erwartungen führt notgedrungen zu mancherlei Kompromissen, die – zugegebenermaßen – manchmal höchst fragwürdig erscheinen. Dieses Problem vollauf erkennend, hat in zurückliegenden Jahren einmal ein Publizistik-Student es so formuliert, daß infolge der Personalknappheit des Faches alle Dozenten genötigt seien, ständig Alleskönner und Allesmüsser zu sein.[13] Diese Konstellation stellt fortwährend eine Hypothek dar!

Wie immer die Studiengänge unseres Faches oder fachverwandter Disziplinen im einzelnen auch ausschauen mögen, sie weisen – wie übrigens die meisten universitären Studiengänge – allesamt einen Kardinalmangel auf: Es existiert so gut wie keine kontinuierliche Effizienzkontrolle zur Curriculumakzeptanz, zum beruflichen Einstieg und zum Fortkommen von Absolventen oder von Studien-Abbrechern. Interessanterweise war es das traditionsreiche Münchener Institut, das bereits in den frühsiebziger Jahren einen eklatanten »Mangel an gesichertem Wissen über Herkunft, Einstellungen und Erfahrungen der Zeitungswissenschaftler«[14] beklagte und eine Studentenenquête inaugurierte. Die in den nachfolgenden Jahren verstärkt einsetzende Diskussion über Ausbildungsgänge für journalistische Berufe und andere Tätigkeitsfelder im Bereich der öffentlichen Kommunikation, gestützt durch die voraufgegangene Studentenbefragung, führte 1974 zu einer Münchner Absolventenbefragung, wie sie vordem schon in ähnlicher Form in Berlin und Salzburg versucht worden war. Man wollte darin herausfinden, »ob es typische Berufsfelder für Zeitungswissenschaftler« gab und »in welchen Berufen sie tätig« waren, »wie sie Zugang zu diesen Berufen fanden und welche Relevanz das Studium für die Berufe der Absolventen hatte«.[15]

Die Untersuchungspopulation dieser Umfrage umfaßte alle Studierenden des Faches Zeitungswissenschaft, die dieses Studium an der Universität München im Hauptfach zwischen 1945 und dem Sommersemester 1974 – also während dreißig Jahren – mit der Magisterprüfung und/oder einer Promotion zum Abschluß gebracht hatten. Da der Magistergrad erst zu Beginn der siebziger Jahre entstanden war, erklärt es sich, daß nur 33 Magister, hingegen 248 Promovierte in das Sample fielen, insgesamt also 281 Absolventen. »Als wichtigstes Ergebnis der Befragung«, so ging aus dem Schlußbericht hervor, war festzuhalten, »daß sich die Berufserwartungen, die die Zeitungswissenschaftler als Studenten hatten, zum überwiegenden Teil in der beruflichen Praxis nicht erfüllt« hatten. »Aus dieser Nichtübereinstimmung von Fachrichtungsstruktur und Berufsstruktur,« so hieß es weiter, ließen »sich verschiedene Forderungen an das zeitungswissenschaftliche Studium ableiten«. Eine dieser Forderungen war »die nach einer strengeren Definition der Studieninhalte des Fachs und die Einrichtung berufsbezogener Ausbildungsgänge [...] Die Zahl der Absolventen, die sich für eine in das Fach integrierte, praxisorientierte Journalistenausbildung aussprachen«, wurde als »sehr hoch«[16] bezeichnet.

Hier, wie in zahlreichen anderen Untersuchungen ähnlicher Art, wird jedoch wiederum mit einem vagen, relativ undifferenzierten Praxisbegriff operiert, dessen Dehnbarkeit sich als recht gravierend erweist. Da mit einem simplen Praxisbegriff jedoch häufig lediglich Praxis-Simulation begriffen, diese hingegen aufgrund technischer und infrastruktureller Konstellationen an Hochschulen kaum zu leisten ist, wurde stets auch die Frage ventiliert, ob nicht publizistische Aus- und Fortbildung primär *außerhalb* der Universitäten erfolgen solle. Erstaunlich ist jedoch die Tatsache, daß mit zunehmendem Infragestellen des Leistungsvermögens der Hochschulen auf diesem Sektor eine wachsende Anzahl journalistik- bzw. publizistikwissenschaftlicher Ausbildungsstätten einherging. Kann sich nur der Staat als Träger der meisten Hochschulen einen solchen Luxus in einer Zeit leisten, wo die Absolventen aller Ausbildungsgänge nach dem Examen nicht mehr unbedingt direkt in adäquate Positionen gelangen? Die Nachfrage nach Ausbildungsplätzen für publizistische Berufe ist freilich ungebrochen, sie übersteigt bei weitem das Angebot an entsprechenden Stellen im Gesamtbereich der Publizistik und Kommunikation.[17]

Trotz dieser Gegebenheit haben sich auch die außeruniversitären Aus- und Weiterbildungseinrichtungen erheblich vermehrt. Handelt es sich dabei um Ergänzungen zu unzureichender Hochschulausbildung oder sind derlei Ausbildungsstätten völlig anders orientiert? Ein Beispiel: Der WDR, so verlautete Mitte März 1986, werde vom 1. Juni des Jahres an zum erstenmal in seiner Geschichte fünf Volontäre für das Fach Fernsehregie und -realisation ausbilden. Der Ausbildungsplan sieht insgesamt zwanzig Monate vor, in denen sich die Regievolontäre primär mit Geschichte, Theorie und Praxis des Metiers befassen sollen. Warum diese Initiative einer Rundfunkanstalt, die noch bis vor kurzem in der Regel Regieaspiranten aus den beiden bundesdeutschen Film- und Fernsehakademien, von freien Produzenten oder von anderen Anstalten rekrutiert hatte? Klipp und klar wurde seitens des WDR beklagt, die Akademie-Ausbildung in Berlin und München ginge »an den Bedürfnissen einer großen Fernsehanstalt vorbei«,[18] so daß man sich seinen Regie-Nachwuchs selber heranbilden müsse. Ist diese Skepsis gegenüber der Hochschulausbildung nur auf diesem Berufssektor gegeben oder existiert sie auch auf anderen Gebieten?

Aussagen jenes Tenors, wonach eine Hochschulausbildung wenig (oder zumindest nicht das Erwartete) erbringe, häufen sich mit zunehmender Infragestellung jedweden Studiums in einer Zeit, die den Berufsmarkt auf verschiedenen Sektoren als quasi geschlossen betrachtet.[19] Und selbst Hochschulabsolventen passiert es nicht selten, daß ihr Examen lediglich als ein schlichtes »entrée« angesehen wird, mehr nicht: Da lernen junge Ökonomen in der Bank- oder Versicherungsbranche rasch, wie wenig sie auf diese Berufswelt vorbereitet sind; da müssen Juristen erfahren, daß sie bei Anwälten oder Gerichten vor ganz andere Fragen gestellt werden als im Verlauf des Studiums; da klagen Junglehrer, daß sich ihr didaktisches und pädagogisches Wissen oft als unzulänglich erweist bei der Realerprobung im Umgang mit einer Schulklasse. Und da wird Absolventen der Journalistik oder Publizistik nicht selten in der Praxis das kleine Einmaleins des publizistischen Alltags »erläutert«, bisweilen mit Sticheleien und Schadenfreude einhergehend...[20]

Reduziert sich die Attraktivität der Hochschulen, so wäre daher selbstkritisch zu fragen, immer stärker und primär auf die Vergabe bzw. Verleihung der nach wie vor begehrten und prestigeträchtigen akademischen Grade, über die sie sozusagen als Monopoleinrichtungen verfügen? Gleichzeitig – auch das muß gesehen werden – ist infolge der inflationären Zunahme akademischer Grade ein gewisser Wertverlust dieser Zertifikate nicht zu übersehen. Gibt es daher, wie Konstanze Rohde bereits vor über einem Jahrzehnt unmißverständlich fragte, im publizistischen Bereich eine Karriere auch *trotz* des Dr. phil.?[21] Sind, wenn man noch einmal auf die universitären Abschlüsse eingeht, Diplom- und Magistergrade nicht in manchen Fällen attraktiver, weil sie die Ausbildungsgänge bisweilen stärker signalisieren als die primär auf Forschungsleistungen abgestellten Doktortitel? Auffallend ist doch, daß in den Einschätzungen nicht weniger gestandener Medienpraktiker kaum universitäre Ausbildungsgänge einen hohen Stellenwert einnehmen, sondern vielmehr zwei *außer*universitäre Einrichtungen, die bereits eine Art Mythos geworden sind, nämlich einmal die heute nicht mehr existierende Aachener Journalistenschule und zum anderen die Münchener Deutsche Journalistenschule, die sich freilich vor einigen Jahren einen Hochschulzweig zulegte.[22]

Wenn man sich mit außeruniversitären Aus- und Fortbildungsfragen im Pressewesen beschäftigt, sollte man indes nicht allein die Zeit nach dem Zweiten Weltkrieg ins Auge fassen, denn es sind diesbezüglich zumindest einige voraufgegangene Bemühungen zu registrieren: Bereits um die Jahrhundertwende gründete in Berlin der Vorsitzende des Vereins Deutscher Redakteure, Richard Wrede, eine private Journalisten-Hochschule. Sein erklärtes Ziel war es, diese Ausbildungsstätte nicht »zu einem Anhängsel der Universität zu machen«, obwohl der Lehrstoff in Vorlesungen und Übungen dargeboten wurde und sich sowohl auf pressepraktische als auch auf nichtjournalistische Fragen bezog.[23] Abgesehen von verschiedenen nachfolgenden Einzelinitiativen, die jedoch allesamt kurzlebig blieben, ereignete sich – jenseits der Volontärsausbildung in den Pressebetrieben selbst – kaum Bemerkenswertes, bevor Ende der zwanziger Jahre auf Initiative Emil Dovifats vom Berliner Institut für Zeitungswissenschaft sogenannte »Zeitungsfachliche Fortbildungskurse« für bereits praktizierende Journalisten geschaffen wurden. Die Veranstaltungen mußten jedoch 1934 eingestellt werden, da der Nationalsozialismus sich ein vielfältiges System publizisti-

Schwarzes Brett.

Deutschland.

Zweiter zeitungsfachlicher Fortbildungskurs in Berlin. Das Deutsche Institut für Zeitungskunde hatte in der Zeit vom 19. bis 29. November 1930 Redakteure, leitende Verlagsbeamte und Mitarbeiter im Hauptberuf von Tageszeitungen und Zeitschriften zu einem Fortbildungskurs eingeladen, der auch diesmal ein voller Erfolg geworden ist. Es waren etwa 170 Zeitungsleute, die, in drei ressortfachliche Gruppen eingeteilt, losgelöst von der Arbeit des Tages eine Vertiefung ihrer beruflichen Kenntnisse erstrebten und sich den großen Überblick über die Strömungen der Zeit in der Hauptstadt des Reiches wieder zu verschaffen suchten. Von allen Teilnehmern wurden die zeitungsfachlichen Vorträge besucht, die Professor Dr. Dovifat-Berlin selbst leitete. Einen der wertvollsten Vorträge hielt hier der Generaldirektor des »Stuttgarter Neuen Tagblatts«, Karl Esser, über »Der wirtschaftliche Aufbau der Zeitung und seine geistigen Voraussetzungen«. Karl Esser war berufen, sofort die richtige Einstellung für die Arbeit des Kurses bewirkt zu haben. Wenn er betonte, daß der wirtschaftliche Aufbau des Zeitungsunternehmens nur auf geistiger Grundlage erstehen kann, hatte er alle Zuhörer für sich. Im Rahmen dieser Vorträge sprach auch der Reichsfinanzminister Dietrich. Der Schwerpunkt der ressortfachlichen Vorträge in der politisch-wirtschaftlichen Sparte lag in der Betonung landwirtschaftlicher Fragen, in der kommunalpolitisch-lokalen Sparte waren es Probleme der Gemeinden, die in den Vordergrund gerückt wurden. In der feuilleton- und kulturpolitischen Sparte standen die mannigfachen Aufgaben künstlerischer Kritik zur Behandlung. — Als eines der wesentlichsten Ergebnisse derartiger Kurse darf die Weckung des Interesses wissenschaftlicher Probleme der Zeitung und der Zeitungsarbeit bei Männern der Praxis gebucht werden. Besonders wertvoll ist ferner die persönliche Fühlungnahme zwischen Verlegern und Redakteuren, wie zwischen den Kollegen untereinander, und der Austausch gemachter Erfahrungen. Die verschiedenen Führungen und Veranstaltungen suchten die Eindrücke bei den Vorlesungen zu veranschaulichen. Es ist zu wünschen, daß diese Fortbildungskurse alljährlich veranstaltet werden können, wenn es vielleicht auch angemessen wäre, sie künftig auf eine kürzere Zeitdauer zusammenzufassen. Es wird auch eine Frage der Erfahrung sein, ob die weitgehende Spezialisierung in drei Gruppen sich lohnt. Das aber sind Fragen der Zweckmäßigkeit, die das Deutsche Institut für Zeitungskunde von sich aus lösen wird.

Dr. Kapfinger.

Quelle: Karl d'Ester / Walther Heide (Hrsg.): Zeitungswissenschaft. Zweimonatsschrift für internationale Zeitungsforschung (Berlin – Leipzig), 6. Jg./Nr. 1, 15. Januar 1931, S. 48.

scher Weiterbildung schuf, das jedoch primär mit politischer Indoktrination gekoppelt wurde.[24]

Bereits Anfang Juni 1945, also wenige Tage nach Beendigung des Zweiten Weltkrieges und einige Zeit vor der Wiedereröffnung deutscher Universitäten, schufen Amerikaner und Deutsche in Aachen die »Erste Deutsche Journalistenschule«. Die Gründung dieser halbprivaten Ausbildungsstätte erfolgte somit in jener Stadt, in der nach dem Einrücken der Amerikaner bereits ab Januar 1945 mit den »Aachener Nachrichten« die erste »neudeutsche« Zeitung entstanden war – vier Monate *vor* der faktischen Beendigung der Kampfhandlungen.[25] Aus diesem Pioniergeist heraus, auf mehreren publizistisch bedeutsamen Sektoren sozusagen Ersttagsrecht zu reklamieren, entstand somit die nach amerikanischem Ausbildungsmuster konzipierte Journalistenschule in freier Trägerschaft. Die Leitung der Akademie übernahm eine kommunistische Stadträtin, unterstützt von ihrem zur SPD zählenden Mann, dem seinerzeitigen Regierungs-Vizepräsidenten von Aachen. Zu den ersten Dozenten zählten ein Aachener

Beispiel eines Abschluß-Zertifikats der Aachener Journalistenschule

PRÜFUNGS-ZERTIFIKAT

N. N.

hat an 3 Semestern des VIII. Lehrganges der
ERSTEN DEUTSCHEN JOURNALISTENSCHULE AACHEN e.V.
AKADEMIE FÜR PUBLIZISTIK

mit Erfolg teilgenommen und die Abschlußprüfung mit dem Gesamturteil

VOLL BEFRIEDIGEND

bestanden.

Der Absolvent hat damit den Nachweis erbracht, daß er die notwendige theoretische Vorbildung und die praktischen Grundlagen erworben hat, um in der Anfangsstellung eines Journalisten praktisch zu arbeiten.

AACHEN, den 31. 12. 1949

ERSTE DEUTSCHE JOURNALISTENSCHULE AACHEN e.V.
AKADEMIE FÜR PUBLIZISTIK
DER PRÜFUNGSAUSSCHUSS:

Schulleiter

PRÜFUNGS-URTEILE

Das Gesamturteil in der schriftlichen Prüfung lautete: Voll befriedigend
Die Urteile in der mündlichen Prüfung lauteten:

Hauptpflichtfächer:
Soziologie und Geschichte . . . . . Sehr gut
Publizistik und Zeitungswissenschaft . . Gut

Nebenpflichtfächer:
Philosophie . . . . Voll befriedigend
Wirkungspsychologie und Stilistik . . . Voll befriedigend
Allgemeine Rechtskunde . . . . . . Voll befriedigend
Wirtschaftspolitik . . . . Genügend
Kulturpolitik . . . . Voll befriedigend
Zeitungspraxis . . . . Voll befriedigend

Wahlfächer:
Theoretische Volkswirtschaftslehre . . . Voll befriedigend
Geschichte des modernen Staates . . . Gut

Besondere Bemerkungen: Keine.

Ausgefertigt
Erste Deutsche Journalistenschule Aachen
Der Leiter:

Hochschulprofessor, ein späterer Lizenzträger der CDU-nahen »Aachener Volkszeitung«, ein Amerikaner sowie mehrere Engländer. Dadurch erhielt die Journalistenschule zahlreiche Impulse mit zum Teil höchst unterschiedlichen Intentionen.[26]

Der erste Kursus der Aachener Journalistenschule, so hat Karl Bringmann kürzlich ermittelt, bestand aus fünfzehn Teilnehmern, darunter der spätere WDR-Sportjournalist Kurt Brumme. Im folgenden Jahr zählte der spätere Redakteur der »Westfälischen Rundschau« und danach langjährige Pressechef des Hamburger Senats, Paul Otto Vogel, zu den Schülern. Die auf sechs Monate konzipierte Ausbildung setzte sich aus Vorlesungen und Übungen über Journalismus, Politik, Geschichte, Rechts- und Wirtschaftsfragen etc. zusammen. In einem Zwischenzeugnis, das nach dreimonatigem Lehrgang ausgestellt wurde, finden sich auch Unterricht in Englisch, Stenografie und Schreibmaschine aufgelistet ebenso wie allgemein einführende Vorlesungen über Zeitungswissenschaft und Zeitungspraxis sowie Stilübungen. Die Aachener Ausbildungsstätte stellte Mitte November 1955 ihre Tätigkeit ein. Einer der ersten Teilnehmer resümierte später einmal: »Heute mag man andere Vorstellungen von Journalistenausbildung haben – für uns heimkehrende Soldaten bot Aachen damals die einzige Chance im Westen, verschüttetes Wissen aufzufrischen, Zugang zu demokratischen Prinzipien und zu Formen eines freiheitlichen Journalismus zu finden [...] Wir hatten ja einen kaum vorstellbaren Nachholbedarf [...]«.[27]

Ausschließlich auf privater Initiative beruhte die Gründung einer in München ansässigen, von einem namhaften Zeitungsverleger geschaffenen und nach ihm benannten Ausbildungseinrichtung ähnlicher Art: das berühmte Werner Friedmann-Institut. Friedmann, der zunächst zu den Lizenzträgern der »Süddeutschen Zeitung« zählte, erhielt 1948 eine der beiden Lizenzen für die Herausgabe der Münchener »Abendzeitung«.[28] Aus den Überschüssen dieses Blattes finanzierte er satzungsgemäß seine Idee, eine für Deutschland ebenfalls neuartige Stätte der außeruniversitären Journalistenausbildung zu schaffen. An den »Lehrredaktionen«, wie Friedmann seine Kurse nannte, nahmen jeweils zwölf angehende Journalisten für die Dauer von zwei Jahren teil; später gab es auch auf ein Jahr verkürzte Ausbildungsperioden. In den zehn Jahren, die das Friedmann-Institut in seiner ursprünglichen Form bestand, wurden fünf Lehrredaktionen mit insgesamt 65 Teilnehmern durchgeführt; daneben gab es auch einige Fortbildungslehrgänge für Redakteure. Für den kostenlosen Unterricht und den Unterhaltszuschuß, den die nach sorgfältigen Auswahlverfahren sozusagen »handverlesenen« Teilnehmer erhielten, wandte die »Abendzeitung« insgesamt fast eine Million DM auf.[29]

Im Jahre 1959 wurde das Institut – unter veränderter Trägerschaft – umfirmiert in »Deutsche Journalistenschule München«, finanziert von einem gemeinnützigen Verein aus Zeitungs- und Zeitschriftenverlegern sowie Rundfunkanstalten. 1961 startete man die erste Lehrredaktion neuer Folge. In den nächsten Jahren wurden, bedingt durch knappe finanzielle Ressourcen, nur jeweils zwischen 13 und 16 Teilnehmer aufgenommen, und nach einer Förderung auch durch das Presse- und Informationsamt der Bundesregierung konnte die Zahl später auf 30 pro Jahr erhöht werden. In die fünfzehnmonatige Ausbildung wurden bald auch Praktika bei Presse und Rundfunk sowie Studienreisen – meist nach Berlin und Bonn – integriert. Die Unterweisungen am Ort erfolgten so redaktionsnah wie möglich, gewährleistet vor allem durch den primär aus Praktikern gebildeten Lehrstab, darunter nahezu alle Ressortchefs der »Süddeutschen Zeitung«.[30] Ab 1973/74 führte die Ausbildung für einen Teil der Studenten, die die Lehrredaktion sowie die Praktika mit einem Hochschulstudium kombinieren wollten, zum sogenannten »Münchener Modell«, – womit freilich eine partielle Aufgabe des ursprünglichen Konzepts verbunden war.[31]

Die beiden genannten Ausbildungsgänge in Aachen und München erfreuten sich beträchtlicher Nachfrage, ohne daß dieser kapazitätsmäßig auch nur einigermaßen entsprochen zu werden vermochte. Da man in der journalistischen »Praxis« den publizistik- und kommunikationswissenschaftlichen Studiengängen an verschiedenen Universitäten wenig zutraute und sie bisweilen geradezu als lediglich »theoretisch« arbeitende Ausbildungsstätten abqualifizierte, sann man bereits seit den fünfziger Jahren mancherorts nach zusätzlichen außeruniversitären Angeboten, um diesem – angeblichen oder tatsächlichen – Dilemma zu begegnen. Zunächst wurden jene »Zeitungskundlichen Fortbildungskurse«, wie sie vor 1933 existiert hatten, in modifizierter Form wiederaufgenommen, im wesentlichen konzipiert von Emil Dovifat und Karl Bringmann.[32] Erst erheblich später begannen auch die wichtigsten publizistischen Standes- und Berufsorganisationen damit, sich diesem Thema vermehrt zuzuwenden und Überlegungen im Hinblick auf die künftige Aus- bzw. Weiterbildung auf journalistischem Gebiet zu artikulieren und Alternativen zur existierenden Hochschulausbildung ins Auge zu fassen. Dabei spielten allerdings Konzeptionen zur Einbeziehung der universitären Ausbildungsstätten nach wie vor eine gewisse Rolle.[33]

Und auch in die betriebliche Journalistenausbildung flossen bald neue Impulse ein: Im Jahre 1969 kam zwischen den journalistischen und verlegerischen Berufsverbänden ein Vertrag über Ausbildungs-Richtlinien für Redaktionsvolontäre an Tageszeitungen zustande, der insbesondere sicherstellen sollte, daß die Ausbildung des Redaktionsvolontärs in *allen* redaktionellen Ressorts der Zeitung, mindestens aber im lokalen, im politischen und wahlweise in einem dritten Ressort (Kultur, Wirtschaft, Sport) erfolgte. Die Ausbildung zum Redakteur über das Volontariat dauerte danach zwei Jahre. Nach Abschluß der Ausbildung, so wurde festgelegt, erhält jeder Volontär ein Zeugnis ausgehän-

Hauszeitschrift des Friedmann-Instituts

Nummer 44 — 15. März 1960

Praktischer Journalismus

HERAUSGEGEBEN VOM WERNER FRIEDMANN-INSTITUT MÜNCHEN EV
BEILAGE ZUM ZEITUNGS-VERLAG UND ZEITSCHRIFTEN-VERLAG

Dr. Hermann Renner

ICH STEHE HIER MIT DEM MIKROFON

Ein Omnibus voller Journalisten auf Pressefahrt. Ab und zu wird angehalten: die Veranstalter geben kurze Erklärungen ab, verteilen Informationsmaterial, beantworten Fragen. Die Zeitungsreporter versenken die „Waschzettel" in den Manteltaschen, machen sich Notizen, plaudern.

„Ihr habt's gut", meint der Funkmann, der atemlos wieder als letzter den Bus besteigt, „diesmal muß ich mich ganz schön abhetzen." Ständig schleppt er ein nicht gerade leichtes Tonbandgerät mit sich herum; an jedem neuen Platz sucht er nach Gesprächspartnern, stellt sich abseits, um unmittelbar seinen Eindruck auf dem Tonband festzuhalten, die Situation zu schildern, Interviews aufzunehmen.

Abends beim Abschied großes Händeschütteln. Ein Pressekollege sagt zum Funkreporter: „Du hast's gut. Du bist schon mit deiner Arbeit fertig! Wir müssen jetzt noch die halbe Nacht lang die Schreibmaschine klappern lassen."

Bereits an diesem kleinen Beispiel wird ein Wesensmerkmal des Mikrofonreporters deutlich: er ist dem Ereignis unmittelbar verbunden — er ist ihm beinahe ausgeliefert. Und deshalb wird bei ihm ein Versagen schneller erkennbar und weniger leicht zu reparieren sein, wenn er sein Handwerk nicht versteht.

In allen Funkhäusern tauchen alljährlich junge Leute auf, die den Wunsch äußern, Reporter zu werden. Viele denken es sich — und einer sagte es einmal: „Auch ich kann solche Fragen stellen, wie ich sie in den Reportagesendungen höre." Eine junge Dame äußerte: „Soll ich die Probereportage *schriftlich* einreichen?" Diese beiden Mikrofonanwärter gaben recht deutlich zu erkennen, wie wenig sie sich unter der Tätigkeit eines Funkreporters vorstellen konnten. Welche Eigenschaften muß ein guter Mikrofonanwärter haben?

Er muß zunächst gelernt haben, *journalistisch zu denken*. Wie jeder Reporter sollte er schnell das Wesentliche erfassen können, aus der Fülle des Materials den Stoff auswählen, der dem Thema entspricht, alle wichtigen Fragen für den Leser (in unserem Fall: den Hörer) durchdenken und so anschaulich und spannend wie möglich wiedergeben. Es gibt Funkreporter, denen die Atmosphäre einer Zeitungsredaktion beinahe unbekannt ist — dennoch sind sie Journalisten, mit all dem Spürsinn für Themen und Probleme, die einen guten Pressereporter kennzeichnen. Wer von der Zeitung diese Voraussetzung mitbringt, hat ein Plus mehr. Aber auch schon Starreporter großer Blätter haben nach mehrfachen Versuchen eingesehen, daß sie nicht geeignet waren, Rundfunkreportagen zu machen. Das lag zum Teil an ihrer Stimme — manches Organ klingt angenehm, ein anderes weniger — und an einem anderen wichtigen Umstand. Es besteht ein bedeutender Unterschied zwischen dem geschriebenen und dem gesprochenen Wort. Der Reporter beim Rundfunk hat keine Zeit, über Formulierungen nachzugrübeln, er kann sich nicht an den Schreibtisch setzen, das Material zusammenstellen, um schließlich für seinen Artikel die bestmögliche Form zu wählen — er ist an das Ereignis gebunden. Ein Staatsakt, eine Einweihungsfeier, die Ankunft eines prominenten Gastes, ja auch nur der Festzug einer dörflichen Jahrtausendfeier ist für ihn unwiederholbar. Was nach Ablauf des Ereignisses nicht auf dem Tonband festgehalten ist, das ist sozusagen nicht mehr existent. Ein Funkreporter muß also ferner *reaktionsschnell* sein, er muß seine Gedanken auf der Stelle ins Wort umsetzen können. Dabei genügt es freilich nicht, wenn lediglich die Leitung zwischen Gehirn und Zunge kurz ist. Wer gut zu plappern versteht, ist noch lange kein Reporter: Journalistische Gewandtheit und die Gabe, korrektes Deutsch zu sprechen, müssen sich ergänzen.

Einem Anfänger wird niemand bei seiner ersten Reportage die Schilderung eines schnell abrollenden Ereignisses zumuten. Man stellt ihm eine Aufgabe, bei der er Zeit hat, zu überlegen, was er sagen will — sei es die Beschreibung einer Ausstellung, eines Fundbüros, des Tierparks oder des Hauptbahnhofs. Selbstverständliche Voraussetzung ist, daß er frei spricht. Jeder erfahrene Funkredakteur merkt bereits nach kurzem Zuhören, ob ein Probereporter seinen Text abliest oder nicht. Die Wahl der Adjektive, der Gebrauch von Relativsätzen, die Substantivierung von Verben und vieles andere unterscheidet die freie Rede von einem vorbereiteten Text. Selbst wenn kein Toningenieur als unliebsamer Zeuge dabeisein sollte, auf diese Weise lassen sich keine Reportertalente vortäuschen.

Ein häufiger Fehler bei Anfängern ist es, eine Reportage so zu beginnen:

> Ich stehe hier mit meinem Mikrofon in der Halle C des Ausstellungsgeländes. Ich sehe eine riesige Wand mit großen Schautafeln. Ich will etwas näher treten und mir einiges betrachten. Ich lese ...

Im Reporterjargon nennt man diese Art der Schilderung „Steinzeitreportage". Der Sage nach sollen die ersten Rundfunkreporter sich so ausgedrückt haben. Was ist daran falsch? Der Berichterstatter soll dem Hörer einen plastischen Eindruck der Halle C vermitteln. Es ist uninteressant, daß er dort steht — das ist ohnedies klar —, es ist wenig wichtig, was er sieht, sondern was dort *ist*. Das Mikrofon ist dabei so selbstverständlich, daß von ihm ebenso wenig gesprochen wird, wie ein Zeitungsreporter in seinem Artikel die Schreibmaschine erwähnt. Die Schilderung müßte also etwa so klingen:

> In der Halle C des Ausstellungsgeländes stellt sich dem Besucher nach wenigen Schritten eine riesige schwarze Wand in den Weg. Keiner kann die großen Schautafeln übersehen, auf denen es heißt ...

Vorwort zum 1. Band der »Journalismus«-Schriftenreihe

Zur Einführung

Die Journalisten befassen sich mit allem – nur ihre eigenen Angelegenheiten übergehen sie meist mit Schweigen. Sie verbreiten sich über Jugend- und Erwachsenenbildung, diskutieren Schulpläne, lobend oder verwerfend – aber ihrer eigenen Berufsbildung widmen sie in der Öffentlichkeit kaum je einen Gedanken. Und wenn, dann ist es Kritik an den »Zeitungswissenschaftlern«, die sich bemühen, bei den Universitäten der immer noch jungen Wissenschaft von der Publizistik und im öffentlichen Leben den publizistischen Mitteln selbst Achtung und Verständnis zu verschaffen.

Wildwuchs ist gut und schön, echte Journalisten kommen aus Begabung und Berufung, aber auch ihnen kann es nur nützen, wenn sie einmal über den Sinn, die Grundlagen und die Probleme ihres Berufes gründlich nachdenken und sich sachlich genau unterrichten. Wie arm ist doch eigentlich das Schrifttum, daß sich mit der Presse, mit den publizistischen Mitteln beschäftigt! Kaum eine Handvoll von Fachschriften bei diesem ganzen Strauß von Berufen, die täglich, stündlich die Welt erfassen, nehmend und gebend, lernend und lehrend, sammelnd und verstreuend.

Seit zehn Jahren bemüht sich in Nordrhein-Westfalen eine kleine Gruppe von Berufskollegen, den fragenden Satz »Brauchen Journalisten Bildung?« zu beantworten. Sie haben 1951 die Tradition der zeitungsfachlichen Fortbildungskurse des früheren Deutschen Instituts für Zeitungskunde in Berlin übernommen und Jahr für Jahr unter der Leitung des Berliner Ordinarius der Publizistik, Emil Dovifat, jungen und alten Journalisten aller Sparten in Düsseldorf eine Woche beruflicher Erneuerung geboten. Es ist ein schönes Geschenk für den ganzen Beruf, daß zum 10. Fortbildungskurs im Jahre 1960 diese aus der eigenen Initiative entwickelte Arbeit in die festeren Bahnen des »Deutschen Instituts für publizistische Bildungsarbeit« einmünden konnte. Die vorliegende Schrift faßt zum ersten Male Vorträge aus der reichen Fülle der letzten Kurse zusammen, um sie über den Teilnehmerkreis hinaus dienstbar zu machen. Wenn auch Rede und Gegenrede, Vortrag und Gespräch das Medium der Fortbildungstage von Düsseldorf, Bonn oder Berlin sind, so hat der oft geäußerte Wunsch nach schriftlicher Weitergabe sicher Berechtigung. Den Mitarbeitern der Kurse, die ihre Ausführungen zur Verfügung stellten, und dem Verlag, der die hiermit begonnene Schriftenreihe übernahm, ist die Verwirklichung dieses Wunsches zu danken.

Düsseldorf, im November 1960

Karl Bringmann

JOURNALISMUS

Band 1 der Schriftenreihe des Deutschen Instituts für publizistische Bildungsarbeit, herausgegeben von Emil Dovifat und Karl Bringmann im Fachschriftenverlag der Rheinisch-Bergischen Druckerei- und Verlagsgesellschaft m. b. H., Düsseldorf 1960.

digt, das vom Verleger sowie vom Chefredakteur unterzeichnet sein soll.[34] Heute orientiert sich der Ausbildungsweg über das Volontariat primär an jenen »Bindenden Grundsätzen für das Redaktionsvolontariat an deutschen Zeitungen«, die die Delegiertenversammlung des Bundesverbandes Deutscher Zeitungsverleger im April 1982 verabschiedete. Sie halten – unbeschadet des freien Zugangs zum Redakteursberuf – an der zweijährigen Volontariatsdauer fest, sehen aber Verkürzungsmöglichkeiten bei abgeschlossener Berufsausbildung bis auf 18 Monate und bei Hochschulabsolventen bis auf 12 Monate vor.[35]

Während somit seit 1968 – was das Pressevolontariat anlangte – verbindliche Rahmenbedingungen für dessen Minimalkonstitution existierten, waren die *inhaltlichen* Konzepte für die Aus- und Weiterbildung von Journalisten noch keineswegs klar – auch nicht auf seiten der journalistischen Berufsverbände. »Eine Ursache für das späte Herangehen an Konzeptionen mit dem Ziel einer grundsätzlichen Überwindung der desolaten Ausbildungssituation«, so stellte Manfred Knoche einmal diesbezüglich fest, »ist sicherlich auch in der weitverbreiteten Standesideologie zu sehen, besonders in der speziellen Ausformung vom offenen Begabungsberuf. Diese bewirkte offensichtlich im Bewußtsein der Journalisten den festen Glauben, Ausbildung sei für ihren Beruf nahezu überflüssig. Ausbildung reduzierte sich allenfalls auf das Erlernen bestimmter Arbeitstechniken« im publizistischen Bereich.[36] Auch die Deutsche Journalisten-Union (dju), die selbst Volontärskurse durchführte, vertrat noch 1970 die Ansicht, »daß das Ausbildungsziel durch ein wohlabgewogenes Miteinander von betrieblicher und schulischer Ausbildung am ehesten erreichbar« sei[37] – eine Haltung, die schon zu jenem Zeitpunkt als völlig überholt galt.

Ausbildungskonzepte der Berufsorganisationen, die danach einsetzten, wurden, wie Manfred Knoche des weiteren ausführt, »mit dem Ziel in Angriff genommen, dieses Handwerkertum zu überwinden«.[38] 1970 ergriff der paritätisch aus Delegierten der Journalisten- und Verlegerverbände zusammengesetzte Deutsche Presserat die Initiative und setzte eine »Gemischte Kommission« ein, die bereits im folgenden Jahr Reformpläne unterbreitete, welche über eine Verbesserung der traditionellen Volontärsausbildung deutlich hinausgingen und auch für eine hochschulmäßige Ausbildung plädierten. Man hielt dabei zwar grundsätzlich an der Idee des offenen Begabungsberufes fest, fügte jedoch ergänzend hinzu: »Aber auch wenn der Zugang zu diesem Beruf nicht von obligatorischen Voraussetzungen abhängig gemacht wird, so sollten doch die neu zu schaffenden Aus- und Fortbildungseinrichtungen möglichst vielfältig sein [...] Diese pluralistische Organisation der Aus- und Fortbildung«, so heißt es in einer knappen Zusammenfassung des Deutschen Presserates weiter, »macht eine Kooperation von ›staatsfreien‹ und staatlichen Institutionen notwendig«,[39] was somit für die Etablierung entsprechender hochschulgebundener Studiengänge

Wege zum Journalismus

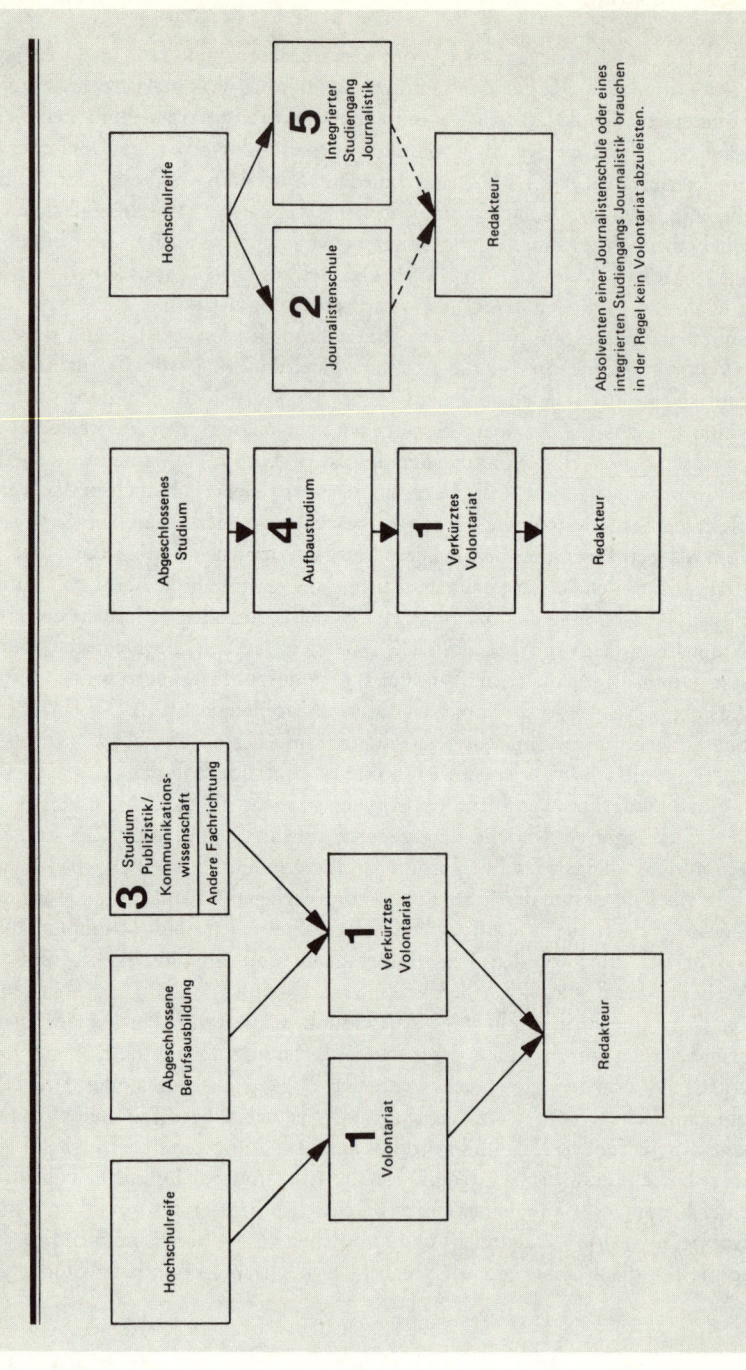

Hochschulreife → **5** Integrierter Studiengang Journalistik → **Redakteur**
Hochschulreife → **2** Journalistenschule → **Redakteur**

Absolventen einer Journalistenschule oder eines integrierten Studiengangs Journalistik brauchen in der Regel kein Volontariat abzuleisten.

Abgeschlossenes Studium → **4** Aufbaustudium → **1** Verkürztes Volontariat → **Redakteur**

Hochschulreife → **1** Volontariat → **Redakteur**
Abgeschlossene Berufsausbildung → **1** Verkürztes Volontariat → **Redakteur**
3 Studium Publizistik/Kommunikationswissenschaft / Andere Fachrichtung → **1** Verkürztes Volontariat → **Redakteur**

Quelle: Volker Schulze (Bearb.): Wege zum Journalismus, 2. aktualisierte Aufl., Bonn 1984, S. 8f.

ebenso galt wie für sonstige Aus- und Fortbildungseinrichtungen in freier oder betrieblicher Trägerschaft. Was die staatliche Komponente dieses Vorschlages anlangt, so war die Aussage bewußt gezielt auf die Etablierung von Journalistik-Studiengängen, wie sie in der Folgezeit – mit unterschiedlicher Akzentuierung – an verschiedenen bundesrepublikanischen Hochschulen entstanden, teilweise, wie schon am Beispiel der Deutschen Journalistenschule in München skizziert, unter Nutzung bereits existierender Ausbildungsstätten für Journalisten.[40] War die Deutsche Journalistenschule zu Zeiten des Friedmann-Instituts weitgehend auf die Ausbildung im Bereich des Süddeutschen Verlages sowie der benachbarten »Abendzeitung« fixiert gewesen, danach jedoch nicht mehr als firmeneigene Journalisten-Ausbildungsstätte zu betrachten, so wurde erst wieder 1974 in der Schweiz eine verlagseigene Ausbildungs-Einrichtung geschaffen, die für viel Aufsehen sorgte. Es handelte sich dabei um die vom Ringier-Pressekonzern etablierte Journalistenschule, »welche die Volontäre der Konzernredaktionen, die [...] während zwei Jahren ausgebildet werden, für die Dauer eines Jahres zu zwölf einwöchigen Kursen« zusammenführte. Im ersten Jahr wurden hierfür 22 Nachwuchsjournalisten aus rund 200 Bewerbern mittels zweier Eignungstests herausgefiltert.[41]

Dieses Prinzip des Auswählens weniger aus einer Großzahl von Bewerbern gilt auch für die Deutsche Journalistenschule in München, die in das »Münchener Modell« einmündet, einer zusätzlichen akademischen Ausbildung. Man nimmt jährlich 45 Nachwuchsjournalisten-Anwärter auf, die durch Eignungstests aus jeweils rund 2000 Interessenten ausgewählt werden. Jeweils 15 Teilnehmer entfallen auf die seit über dreißig Jahren bewährte Form der Lehrredaktion. Abiturienten können sich auch für eine Kombination aus Studium und praktischer Journalistenausbildung entscheiden und den Grad des Diplom-Journalisten an der Universität erwerben. Der neue Studienweg enthält folgende Grundelemente: a) praktische Journalistik; b) allgemeines gesellschaftswissenschaftliches Grundstudium mit den Pflichtfächern Politik, Soziologie und ergänzenden Fächern wie Psychologie, Pädagogik, Wirtschaft o. ä.; c) Kommunikationswissenschaft (Medientheorie und Medienkunde); d) Spezialstudium (freies Wahlfach) je nach konkretem Berufsziel. Als Dozenten der Schule sind 80 erfahrene, im Beruf stehende Journalisten tätig, ferner Fachwissenschaftler und Politiker.[42]

Eine ähnliche und teilweise sogar noch größere Attraktivität auf Interessenten an journalistischen Tätigkeitsfeldern übt eine andere außeruniversitäre Ausbildungsstätte aus, die im Jahre 1979 entstand: die »Gruner + Jahr-Schule« in Hamburg, die sich später »Hamburger Journalistenschule« nannte und heute den Namen »Henri-Nannen-Journalistenschule« führt. »Die Schüler sind bezahlte Angestellte mit Präsenzpflicht«, stellte der Leiter der Schule, Wolf Schneider, einmal fest und ergänzte: »Wer fünf Minuten zu spät kommt, wird verwarnt. Der Unterricht ist nicht nur kostenlos, wie bei der Deutschen Journalistenschule in München, unserem historischen Vorbild, sondern die Schüler kriegen auch ein Gehalt [...] Es ist ein Volontariat im arbeitsrechtlichen Sinne. Daß sie bei uns ein Gehalt bekommen und bei der Deutschen Journalistenschule in München nicht, mag zu dem ungeheuren Andrang beitragen, unter dem wir teils frohlocken und unter dem wir teils zu leiden haben. Wir kriegen für unsere 20 Plätze regelmäßig über 4000 Bewerber. Die Auswahlprozedur dauert ein Vierteljahr, sie ist sehr mühsam«[43] und – wie alle Testverfahren ähnlicher Art – teilweise umstritten.

Was die Struktur und Intention der Ausbildungsstätte anlangt, so stellte Schneider u. a. fest: »Die Schule ist ein privatwirtschaftlich organisierter winziger Apparat [...] Es ist wirklich eine Schule und keine Universität [...] Wir hoffen auf qualifizierten Zeitschriftennachwuchs [...] Die Schule, die ungefähr eine Million Mark im Jahr kostet, ist eine Investition in das Image von Gruner + Jahr«,[44] später somit wohl in jenes von Henri Nannen, dem Gründungsherausgeber des »stern«. »Die Dozenten, die ich einlade«, so fuhr Schneider fort, »sind durchweg praktizierende Journalisten. Wir haben noch keinen Professor im Hause gehabt. Das ist zugleich der Stil der Schule. Sie ist strikt praxisorientiert und berufsorientiert. Was nicht gleichzusetzen ist mit unkritisch. Es ist ein System der Schule, nur das Handwerk zu lehren, nur die Form. Wir diskutieren nicht über Inhalte, und wir vermitteln keinen Wissensstoff außerhalb des Handwerks. Es findet keine Vorlesung über Zusammenhänge der Außenpolitik statt, keine Aufklärung über wirtschaftspolitische Hintergründe [...] Es findet ausschließlich eine möglichst hochqualifizierte und kritische, aber praxisorientierte Einführung in das journalistische Handwerk in all seinen Formen statt. Und die wird naheliegenderweise von journalistischen Praktikern vorgenommen«.[45]

Abschließend zu dieser Synopse sei noch auf die 1985 erfolgte Gründung einer ebenfalls verlagseigenen Journalistenausbildungsstätte hingewiesen, die ihren Sitz in Hamburg und Berlin hat: die Journalistenschule Axel Springer. Sie nahm im Herbst 1986 ihren Betrieb auf mit insgesamt 75 Schülern, die ausschließlich Volontär-Planstellen im Unternehmen innehaben. Wie bei der »Nannen-Schule« beziehen die Teilnehmer somit ein (Volontärs-)Gehalt. »Die Ausbildung«, so heißt es in einer Verlagsmitteilung, »soll [...] in allen Zeitungen und Zeitschriften des Verlages stattfinden. Außerdem sollen die Mitglieder der Journalistenschule Einblick erhalten in das private Fernsehen und den privaten Hörfunk«.[46] Neben der praktischen Unterweisung wird auch ein theoretischer Ausbildungspart genannt, der sich aus hausinternen Seminaren, Kompaktkursen und Sonder-

Erste Aktivitäten der Springer-Journalistenschule

„Prinzip Praxis" bleibt vorrangiges Ausbildungsgebot

Top-Nachwuchs aus der Journalistenschule Axel Springer

Start der neuen Journalistenschule am 1. Oktober 1986

von Dr. Holger Rauff, Axel Springer Verlag AG

Wenige Tage nach Bekanntwerden der Gründung der Journalistenschule Axel Springer lagen uns bereits über 700 schriftliche und viele hundert telefonische Anfragen vor. Die Flut der Bewerbungen hielt unvermindert an. Wir rechnen damit, daß sich pro Jahr um einen Ausbildungsplatz in unserer Journalistenschule bewerben werden. Die Glückshafen, die den Einstieg in den journalistischen Beruf bei uns zum Ziel haben, zeigt den Bedarf an Nachwuchs bei jungen Top-Journalisten zum Abschnitten der Axel Springer

Schon bisher war in der Mediendiskussion im Unternehmen Volontariate ein wichtiges Kriterium der Redaktionen allen Mediengruppen. Axel Springer sorgte aus Qualitätsgründen schon immer für eine ausgeführten Wege bei uns, die ihren beruflichen Werdegang besonders eingehalten hatten.

Die Grundlagen für den Erfolg dieser Kollegen in einer Ausbildung vermittelte, die Hintergründe brachte und parallel dazu Die Journalistenschule Axel Springer auf den Redaktionen außen aus. Im Mittelpunkt der Volontariate stand und steht stets der journalistischer Erfolg bei der Ausbildungspraktizierung des Journalistenberufs.

In vielen anderen Punkten hat der Journalistenschule Axel Springer im Vergleich zu anderen bestehenden Volontariatsausbildungen jedoch neue Wege beschreiten.

Und im Vergleich zu den ausländischen Journalistenschulen der Hamburger Schulen der Henri-Nannen-Schule in Hamburg verfolgen wir wie der Schritt bei der journalistischen Berufsausbildung einen anderen Wege. Der Unterschied zwischen Unterricht und Praxis vor allem nicht so sehr darin, wie Beweis geübt wird oder ob im Unterricht schreiben Arbeitsentwürfe nachweisen können.

Die Schüler der Journalistenschule Axel Springer arbeiten vom Anfang an in den Redaktionen ein. Sie sind zunächst als reguläre Volontäre in einem Stammredaktion eingestellt. Die Ausbildung im Hause wird durch Fortbildungs-Seminare ergänzt und abgerundet.

Aufnahmebedingungen

In der Journalistenschule Axel Springer werden jeweils 15 Absolventen innerhalb von zwei

men einer Pressekonferenz in Berlin die Konzeption der Schule. Zu den Gründungsmotiven sagte Günter Prinz: „Wir glauben, daß Qualifizierung unseres Hauses als einzige einmalige Voraussetzung für eine umfassende Ausbildung sind... Die Journalistenschule Axel Springer soll systematisch alles verfügbar machen, was im Gesamtthaus journalistisch gelehrt und gelernt werden kann. Wir glauben, daß der Journalismus, einer der schönsten Berufe überhaupt, ein groß Zukunftsberuf ist und gut ausgebildete Journalisten große Chancen haben ... Und schließlich betrachten wir die Schule als ein Vermächtnis von Axel Springer, der immer in erster Linie ein Journalist war."

Mit diesen Worten hatte der Vorstandsvorsitzende der Axel Springer Verlag AG, Peter Tamm, anläßlich der Hauptversammlung des Unternehmens am 12. Februar 1986 in Berlin die Gründung der neuen Journalistenschule bekanntgegeben.

Günter Prinz, stellvertretender Vorstandsvorsitzender, erläuterte kurz darauf im Rahmen

fahren zu verlorenen Redakteuren ausgebildet. Wir erwarten von unseren Bewerbern die Abiturdurchweg und möglichst ein abgeschlossenes Studium. Die Aus- und Nachwuchsabhebung mitbringen. Außerdem sollte man möglichst mindestens einen entsprechenden Volontariatsdaten. Das Unterrichten der Berufausübung ist ferner zwischen 23 und 27 Jahren. Der Entsprechung ist nicht zu sehen als Beweis gestellt sein in einem ausgeübten Arbeitsversuch nachweisen können.

Einstellungstermin

Die Schüler der Journalistenschule Axel Springer werden jeweils zum 1. Oktober eingestellt. Die Volontariate werden einen Zeitraum von 2 Jahren, Fortbildung und Praxis in der Stammredaktion werden miteinander verzahnt und aufeinander abgestimmt sind.

Warum wir das machen: Günter Prinz (Stellv. Vorstandsvorsitzender) und Günther Kiesle (Vorstandsmitglied Personal) in der Pressekonferenz in Berlin. Thema: Journalistenschule Axel Springer. In der Mitte: C. D. Nagel, Leiter der Informationsabteilung des Verlages

Auswahlverfahren

Die Journalistenschule teilt allen Interessenten nach Durchsicht der Bewerbungsunterlagen mit, ob sie in das Auswahlverfahren zum 1. Oktober dieses Jahres kommen oder dann berücksichtigt werden können bzw. zum 31. Mai dieses Jahres bei der Axel Springer Verlag AG zur Journalistenschule Axel Springer gemeldet werden vom einem Gremium aus führenden Journalisten ausgewertet. Wer in die engere Wahl kommt, wird zu einem Gespräch eingeladen. Die letzte Einzelrunde über die Einstellung trifft der Chefredakteur der „Stammredaktion" des Bewerbers.

Ausbildungsdauer

Die Ausbildung in der Journalistenschule Axel Springer dauert für alle Journalistenschüler 2 Jahre.

Ausbildungsredaktionen

Die Ausbildung in der Praxis erfolgt sowohl in den Redaktionen als auch in den Redaktionen unserer Zeitschriften, außerdem erhalten die Journalistenschüler Einblicke und wissenschaftliche Grundlagen für den Beruf durch Dienstleistungsformen wie z.B. Kommentar, Archiv, Layout usw. Dazu Pressestelle, Medienpolitik, Pressefreiheit usw.).

In unserem Verlagshaus erscheinen

Tageszeitungen:
- DIE WELT
- BILD
- BERLINER MORGENPOST
- BZ
- HAMBURGER ABENDBLATT
- BERGEDORFER ZEITUNG

Kontaktzeitungen:
- WELT am SONNTAG
- BILD am SONNTAG

Spezialpublikationen für Frauen:
- BILD der FRAU
- JOURNAL für die FRAU

Zeitschriften:
- HÖRZU
- FUNK UHR
- BILDWOCHE

Spezialzeitschriften, z.B.
- HOBBY
- TENNIS MAGAZIN
- CAMP

Die Spezialzeitung AUTO-BILD-Unternehmen- und Konjunkturberichten schließt die Teilnahme an einem Unternehmenspraxispkt ein.

Ausbildungsplan

Der Ausbildungsplan umfaßt folgende Stationen:

– 12 Monate Volontariat in der „Stammredaktion" (z.B. WELT, BILD, HAMBURGER ABENDBLATT, HÖRZU usw.)

– 7 Monate Ausbildung in anderen Blättern des Hauses, dazu Einblicke in andere besondere Redaktionen, journalistische Dienste und Praktika, in mindestens einer weiteren Zeitungsredaktion und einer Zeitschriftenredaktion.

– 3 Monate Theorie in Kursen, Seminaren, Fortbildung, praktische Übungen einschließlich.

Innerhalb ihrer siebenmonatigen Ausbildung in anderen Blättern des Hauses besuchen und schreiben die Mitglieder der Journalistenschule über die Hauszeitung „Springer aktuell", die Druckauflage beträgt mehr als 30.000 Leser.

Chefredakteure des Hauses und andere leitende Mitarbeiter unserer Journalistenschule werden wenigstens ebenso und Vielzahl journalistischer Themen als Dozenten zur Verfügung.

Komplettanwendungen werden jeweils dreiwöchiger Dauer vermittelte die theoretischen und wissenschaftlichen Grundlagen für den Beruf. Die Fortbildungssysteme wie in Bonn und zusätzlich in Hamburg ausgebildet, da der WELT mit einem Lokalseilanteil ist.

Für einen begrenzten Kreis der Journalistenschüler wird eine sechsmonatige „Stammredaktion" außerhalb angestrebt. Hier werden gezielt Fragen der Journalistenschule zur Ausbildung Axel Springers behandelt und

Sie leiten die Journalistenschule Axel Springer: Dr. Holger Rauff (rechts) und Harry Hinz

Leiter der Journalistenschule

In der kollegialen Leitung der Schule sieht den Verfasser — der seit vielen Jahren für die Journalistenschule Personalisten und das auszubildendem Leiter des Gesamtbetriebs Personalwesens tätig ist — Harry Hinz zur Seite, bis zur letzten der BERLINER MORGENPOST und später langjähriger stellvertretender Chefredakteur BILD und BILD am SONNTAG.

Mit der Journalistenschule Axel Springer hat unser Haus systematische Position in der journalistischen Nachwuchsförderung weiter ausgebaut. Wir sind davon überzeugt, daß wir einem wertvollen Beitrag zur Sicherung und die Erweiterung der redaktionellen Tätigkeit mit der Branche gegeben haben.

Die Journalistenschule Axel Springer wird bestrebt sein, erneute Nachwuchsausbildung in diesem Nachwuchs auch nahezubringen, dass die im Selbstverständnis, für die journalistischen Selbstbewußtsein gleichermaßen wirken wird. Beschluß danach, wohin die Selbstständigkeit gleichermaßen gilt, wird — Diener am Leser, am Zuschauer, am Hörer — und Selbstständigkeit der kritischen Begleitung der gesellschaftlichen Entwicklungen gegenüber politischen Institutionen nahezubringen. Beschluß darin, Nachwuchs in den Augen der Öffentlichkeit auch den Rang einer Dienstleistungsfunktion in unserer demokratischen Gemeinwesen hat.

Sitz der Schule

Die Schule ist keine eigene Rechtspersönlichkeit, sondern Bestandteil der Axel Springer Verlag AG. Sie befindet sich in Berlin und Hamburg. Die Anschriften:

Kochstraße 50
1000 Berlin 61

Kaiser-Wilhelm-Straße 6
2000 Hamburg 36.

Die praktische Ausbildung in den Redaktionen erfolgt überwiegend in Hamburg und Berlin, zusätzlich auch in Hamburg ausgebildet, da der WELT mit einem Lokalseilanteil ist.

Neben den Redaktionszentralen in Hamburg sind der BILD-Zeitung „Stammredaktion" für unseren journalistischen Nachwuchs auch die Häuser in Bremen, Kettwig, Frankfurt, München, Stuttgart.

Die theoretische Ausbildung findet in alter Regel in Berlin statt, wo unser ausbildungen zusammensetzt. Darüber hinaus heißt es in der Konzeption: »Einer kleineren Anzahl von Schülern, die sich durch Sprachkenntnisse und journalistische Leistungen besonders qualifizieren, werden wir es ermöglichen, bei befreundeten Zeitungen im Ausland (Europa, USA) zu hospitieren«,[47] was sich nicht nur als höchst attraktiv, sondern auch als zukunftsorientiert erweisen dürfte.

Hier wird somit bei außeruniversitären Ausbildungseinrichtungen zum ersten Male der Aspekt der Auslandserfahrung von Nachwuchsjournalisten bewußt angesprochen und somit – zumindest indirekt – auch die Grundlegung für die Tätigkeit späterer Auslandskorrespondenten gelegt! Derlei Intentionen sind vordem nahezu ausschließlich von Stiftungen geleistet worden, die es sich zum Ziele setzen, bundesrepublikanische Journalisten mit ausländischen Mediensystemen in Kontakt zu bringen. So hat sich beispielsweise das »Journalisten in Europa«-Stipendienprogramm bewährt, das seit 1974 jährlich rund 30 journalistisch Tätigen aus europäischen Ländern die Möglichkeit bietet, sich primär in Paris »mit den europäischen Institutionen vertraut zu machen und sich mit der politischen, wirtschaftlichen, sozialen und kulturellen Realität jedes einzelnen Landes auseinanderzusetzen.«[48] Während ihres Ausbildungsaufenthaltes gehören die Stipendiaten zum Redaktionsstab der Zeitschrift »Europe«, sie können von dort aus jedoch gleichzeitig die Zusammenarbeit mit ihren Heimatredaktionen fortsetzen und geben somit ihre dortige Integration keineswegs auf.

Im Jahre 1975 entstand ein ähnlich konzipiertes, jedoch nicht an ein exakt fixiertes Praxis- und Ausbildungsprogramm gebundenes Stipendiensystem, die John J. McCloy Journalism Fellowships: Aus Anlaß des 80. Geburtstages des früheren Amerikanischen Hochkommissars für Deutschland, John Jay McCloy, war die Stiftung als Geschenk der Bundesrepublik Deutschland an die USA übergeben worden, um verschiedene Stipendien- und Austauschprogramme zu fördern. Die Journalismus-Stipendien ermöglichen es seitdem alljährlich mehreren Amerikanern und Deutschen, auf der jeweils anderen Seite des Atlantik spezifischen publizistischen Recherchieranliegen nachzugehen und darüber in den heimatlichen Medien zu berichten. In Jahren mit Bundestags- bzw. Präsidentschaftswahlen sorgen weitere Reisestipendien dafür, daß zusätzliche Journalisten jeweils die letzten Wochen der Wahlkämpfe aus nächster Nähe miterleben und auf diese Weise das politische und demokratische System des Gastlandes als teilnehmende Beobachter skizzieren und analysieren können. Im letzten Jahrzehnt haben je 30 amerikanische und deutsche Nachwuchsjournalisten eines dieser für ihre berufliche Fortbildung wichtigen McCloy-Stipendien erhalten, welche die Reise- und Aufenthaltskosten für vier Wochen abdecken.[49]

Während die McCloy-Journalismus-Stipendiaten aus den USA eine fachwissenschaftliche Begleitung durch die Sektion für Publizistik und Kommunikation

Zwischenfazit eines Journalisten-Austauschprogramms

Transatlantischer Journalisten-Dialog

Insgesamt sechzig Journalisten aus den Vereinigten Staaten und der Bundesrepublik Deutschland haben in den Jahren 1976 bis 1986 ein John McCloy-Stipendium erhalten und ein vierwöchiges Reise- und Recherchierprogramm auf der jeweils anderen Seite des Atlantik wahrgenommen. 41 dieser „Ehemaligen" trafen sich nun zu einer sogenannten „reunion", zu einer Tagung unter dem Leitthema „Foreign Policy and the Media". Ort des Geschehens: George Meany Center for Labor Studies an der Peripherie von Washington.

Höchst unkonventionell — allerdings für Tagungen in den USA durchaus „normal" — begann der erste Veranstaltungstag nicht mit Referaten und Vorträgen, sondern mit praktischem Anschauungsunterricht. Die Handlungsorte lagen sozusagen „vor der Tür": An eben jenem 4. November waren Kongreßwahlen in den USA, und da wäre es völlig „unjournalistisch" gewesen, diese lediglich per TV zu verfolgen. Mark Goebel und Karen Furey vom American Council in Germany hatten es geschafft, Plätze für die anwesenden Journalisten in den Parteizentralen der Demokraten und Republikaner zu reservieren. Jedem Teilnehmer wurde somit Gelegenheit gegeben, sich entweder vor Ort „first-hand" zu informieren oder gar Wahlberichterstattung für die heimatlichen Medienorgane zu leisten...

An den übrigen Tagen folgten dichtgedrängt Vortrags- und Diskussionsveranstaltungen auf hohem Niveau. Als Referenten fungierten namhafte Publizisten von großen amerikanischen Tageszeitungen, Nachrichtenmagazinen und Fernsehstationen. So referierte beispielsweise Saul Friedman, White House-Reporter der Zeitung „Newspaper", über Reagans Außenpolitik, während der profilierte Fernsehjournalist Daniel Schorr über die Thematik „Terrorismus und Massenmedien" sprach. Aus der Bundesrepublik Deutschland war als Gastredner Josef Joffe eingeladen worden, Theodor-Wolff-Preisträger 1982 und Leiter des außenpolitischen Ressorts der „Süddeutschen Zeitung". Er behandelte die innenpolitischen Entwicklungen in den USA und in der Bundesrepublik sowie deren Auswirkungen auf außenpolitische Entscheidungen.

Für zeitweilig heftige Diskussionen war im Anschluß an die Vorträge gesorgt — Teil jenes sich während des Treffens aufbauenden transatlantischen Journalisten-Dialogs, der von den Initiatoren der „reunion" beabsichtigt war. So lag es denn auf der Hand, daß die Kommunikation der Stipendiaten untereinander künftig durch die Schaffung eines periodisch erscheinenden „news letter" intensiviert werden soll.

In einigen Jahren, so ist überdies geplant, soll eine ähnliche Zusammenkunft auf deutscher Seite stattfinden, wobei sich als Tagungsort Bonn anempfehlen dürfte, wo einst John Jay McCloy als amerikanischer Hochkommissar für Deutschland amtierte.

Die Journalistencrew aus ehemaligen McCloy-Stipendiaten: Bernd Bloebaum („Neue Westfälische Zeitung"), Martin Conrad (Norddeutscher Rundfunk), Rudolf Deckert („Neue Ruhr Zeitung"), Michael Groth („Frankfurter Allgemeine Zeitung"), Henri Jacob Hempel (RIAS Berlin), Helmut Jacobi (Süddeutscher Rundfunk), Manfred Klemann (Unterwegs-Verlag), Gerhard Klinkhardt („Westdeutsche Allgemeine Zeitung"), Gerhard Kneier (Associated Press), Birgit Leonhard (Bayerischer Rundfunk), Robert von Lucius („Frankfurter Allgemeine Zeitung"), Werner Nording (Nord-Report), Bodo Pipping (AKTUELL Presse-Fernsehen), Herbert Riehl-Heyse („Süddeutsche Zeitung"), Josef Scheppach (P. M. Magazin), Michael Sontheimer („Die Zeit"), Heinz Trenczak (freier Journalist), Robert Vogel (Süddeutscher Rundfunk), Marianne Wagner-Reinecke (Sender Freies Berlin), Bernd Guido Weber („Allgäuer Zeitung"), Gunther Wiedemann („Kölner Stadt-Anzeiger") und Klaus Zintz (Bild der Wissenschaft).

der Ruhr-Universität Bochum erfahren, sorgt die Publizistik-Fakultät der Columbia-Universität in New York für die entsprechende Betreuung der bundesrepublikanischen Journalisten.[50] Neuerdings stehen für bundesrepublikanische Nachwuchspublizisten auch zwei John S. Knight-Stipendien zur Erlangung einer neunmonatigen journalistischen Spezialausbildung an der Stanford-Universität in Kalifornien zur Verfügung – getragen vom American Council on Germany sowie dem German Marshall Fund, Bonn.[51] Die Robert-Bosch-Stiftung, Stuttgart, fördert im Rahmen ihres Programms zur Aus- und Weiterbildung von Wissenschaftsjournalisten ebenfalls Studienreisen in die USA.[52] Unter den verschiedenen anderen Stipendienprogrammen mit ähnlicher Grundintention mag besonders hingewiesen sein auf die seit wenigen Jahren vergebenen Reisestipendien der Heinz-Kühn-Stiftung. Aus diesem Fonds können bundesrepublikanische Journalisten zu Informationszwecken in Entwicklungsländer reisen und Nachwuchspublizisten aus Drittweltländern zu Aufenthalten in die Bundesrepublik Deutschland eingeladen werden.[53]

Insgesamt existieren somit zahlreiche Möglichkeiten der außeruniversitären Aus- und Weiterbildung für Journalisten, von denen im vorliegenden Beitrag nur relativ wenige angesprochen werden konnten. Während akademische Studiengänge bisweilen zu Fehl- oder sogar Überqualifikationen in bestimmten Sektoren führen können, ist solches bei außeruniversitären Einrichtungen generell kaum zu befürchten, bleibt man hier doch stets nahe am Objekt und vermag somit auf Veränderungen wesentlich flexibler zu reagieren als quasi-zementierte hochschulgebundene Ausbildungsgänge. Was das Fach Publizistik- und Kommunikationswissenschaft anlangt, so gibt es nämlich dort Beispiele dafür, daß die Diskussion und Approbation von Studien- und Prüfungsordnungen durch zahlreiche inneruniversitäre Gremien bis zu zwei Jahren währt. Beginnen danach Studenten mit ihrem Studium auf der Basis dieser Vorgaben, so vergehen weitere vier Jahre, bevor die ersten Absolventen auf den Arbeitsmarkt drängen. In diesen mithin insgesamt rund sechs Jahren seit den »Ur-Diskussionen« um eine Studienordnung können sich die Bedingungen in der publizistischen Praxis indes gravierend verändert haben. Allein außeruniversitäre Ausbildungsgänge dürften dann in der Lage gewesen sein, sich auf derlei Situationen rechtzeitig einzustellen...

ANMERKUNGEN

[1] Karl Bringmann: Anfänge der Journalistenausbildung, in: Heinz-Dietrich Fischer (Hrsg.): Pioniere der Nachkriegs-Publizistik. Berichte von Initiatoren des Kommunikationssystems nach 1945, Köln 1986, S. 35.

² Vgl. hierzu z. B. »Medienrelevante Veranstaltungen an Hochschulen in der Bundesrepublik Deutschland im Sommersemester 1986«, in: »Bertelsmann Briefe« (Gütersloh), H. 120, Dezember 1986, S. 24–33.
³ Otto B. Roegele: Vorwort, in: Heinz-Dietrich Fischer / Otto B. Roegele (Hrsg.): Ausbildung für Kommunikationsberufe in Europa. Praktiken und Perspektiven, Düsseldorf 1977, S. 7.
⁴ Vgl. Joachim Westerbarkey (Hrsg.): Studienführer Publizistik / Journalistik / Kommunikation, München 1981.
⁵ Vgl. Winfried Schulz / Jo Groebel (Bearb.): Medienwirkungsforschung in der Bundesrepublik Deutschland. Teil I – Berichte und Empfehlungen, Weinheim 1986, S. 1 f.
⁶ Vgl. Joachim H. Bürger: Jobs in der Informationsgesellschaft. Alles über Berufe und Chancen in der Kommunikation, Essen (1985), S. 15 ff.
⁷ Birgit Matuschek-Labitzke: Zwischen Super 8 und Hollywood. Berliner und Münchner Filmhochschüler diskutieren über Ausbildungsprobleme, in: »Süddeutsche Zeitung« (München), 41. Jg. / Nr. 148, 1. Juli 1985, S. 24, Sp. 1 ff.
⁸ Vgl. Bert Donnepp u. a.: Der Adolf-Grimme-Preis. Möglichkeiten und Grenzen einer Kooperation Erwachsenenbildung – Fernsehen, Braunschweig 1973, S. 30 ff.
⁹ Vgl. Kuratorium für den Theodor-Wolff-Preis (Hrsg.): Theodor-Wolff-Preis – Die Beiträge der Preisträger aus dem Ausschreibungsjahr 1981, Berlin 1983, S. 69 ff.
¹⁰ Vgl. Walter Hömberg (Hrsg.): Journalisten-Ausbildung. Modelle, Erfahrungen, Analysen, München 1978, S. 54 ff.
¹¹ Vgl. Ulrike Kaiser (Red.): Journalist werden? Ausbildungsgänge und Berufschancen im Journalismus, Stand 1986/87, Bonn 1986, S. 7 ff.
¹² Vgl. Heinz-Dietrich Fischer (Hrsg.): Spektrum der Kommunikationsberufe. Zwölf Konkretisierungen zu publizistischen Tätigkeitsfeldern in der Bundesrepublik Deutschland, Köln 1979, S. 9 ff.
¹³ In einer Ausgabe von »Umbruch – Zeitschrift der Bochumer Publizistik-Studenten«, Jg. 1982.
¹⁴ Vgl. Walter A. Mahle: Warum studiere ich Zeitungswissenschaft? Bericht über die Münchner Studentenenquête 1971, in: »Publizistik« (Konstanz), 18. Jg. / H. 1, Januar – März 1973, S. 56 ff.
¹⁵ Vgl. Dieter R. Kosslick: Zeitungswissenschaft und Beruf. Erste Ergebnisse der Münchner Absolventenbefragung 1974, in: »Publizistik« (Konstanz), 19. Jg. / H. 3–4, 20. Jg. / H. 1–2, Juli 1974 – Juni 1975, S. 360 ff.
¹⁶ Daselbst, S. 368.
¹⁷ Vgl. Andreas Johannes Wiesand: Journalisten-Bericht. Berufssituation – Mobilität – Publizistische »Vielfalt«, Berlin 1977, S. 67 ff.
¹⁸ Vgl. ruth: Westdeutscher Rundfunk bildet Regisseure aus, in: »Berliner Morgenpost« (Berlin), 18. März 1986, S. 9, Sp. 3.
¹⁹ Vgl. Werner Harenberg (Hrsg.): Wozu noch studieren? Die Berufschancen der Akademiker, Hamburg 1985.
²⁰ Vgl. Stefan Hupka et al.: Unter Druck. Journalist werden – aber wie?, Reinbek 1986, S. 13 ff.
²¹ Vgl. Konstanze Rohde: »Karriere« – trotz Dr. phil.? Journalistenausbildung zwischen

Begabungsideologie und Bildungsideal, in: »Publizistik« (Konstanz), 19. Jg. / H. 3–4 + 20. Jg. / H. 1–2, Juli 1974 – Juni 1975, S. 394 ff.

[22] Vgl. Karl Bringmann: Anfänge der Journalistenausbildung, a. a. O., S. 39 ff.

[23] Vgl. Richard Wrede: Handbuch der Journalistik, Berlin 1902, S. 13.

[24] Vgl. Marie Matthies: Journalisten in eigener Sache. Zur Geschichte des Reichsverbandes der deutschen Presse, Berlin 1969, S. 125 ff.

[25] Vgl. Kurt Koszyk: Pressepolitik für Deutsche, 1945–1949, Berlin 1986, S. 23.

[26] Vgl. Karl Bringmann: Anfänge der Journalistenausbildung, a. a. O., S. 39.

[27] Zit. daselbst, S. 40.

[28] Vgl. daselbst, S. 40 f.

[29] Vgl. Werner Friedmann-Institut München e. V. (Hrsg.): Zehn Jahre Werner Friedmann-Institut. Die Ausbildung junger Journalisten, München 1959.

[30] Vgl. Karl Bringmann: Anfänge der Journalistenausbildung, a. a. O., S. 41.

[31] Jörg Aufermann / Ernst Elitz (Hrsg.): Ausbildungswege zum Journalismus. Bestandsaufnahmen, Kritik und Alternativen der Journalistenausbildung, Opladen 1975, S. 199 f.

[32] Vgl. N. N.: Professor Dovifat leitet ersten zeitungsfachlichen Fortbildungskurs in Düsseldorf, in: »Zeitungs-Verlag« (Wiesbaden), 48. Jg. / Nr. 15, 31. September 1951, S. 19.

[33] Walther von La Roche: Einführung in den praktischen Journalismus. Mit genauer Beschreibung aller Ausbildungswege Deutschland, Österreich, Schweiz, 7. Aufl., München 1983.

[34] Vgl. Volker Schulze (Bearb.): Wege zum Journalismus, 2. Aufl., Bonn 1983, S. 70.

[35] Vgl. Volker Schulze (Hrsg.): Wege zum Journalismus, 3. erw. Aufl., Bonn 1986, S. 88 ff.

[36] Vgl. Jörg Aufermann / Ernst Elitz (Hrsg.): Ausbildungswege zum Journalismus, a. a. O., S. 144.

[37] Horst Wolter: Ausbildung der Journalisten »vor Ort« oder in der Distanz?, in: »die feder« (Stuttgart), 19. Jg. / Nr. 3, März 1970, S. 9.

[38] Jörg Aufermann / Ernst Elitz (Hrsg.): Ausbildungswege zum Journalismus, a. a. O., S. 145.

[39] Deutscher Presserat: Tätigkeitsbericht 1970 (1. Januar 1970 – 19. Januar 1971), Bonn-Bad Godesberg 1971, S. 6.

[40] Vgl. Otto B. Roegele: Das Institut für Kommunikationswissenschaft (Zeitungswissenschaft) der Universität München, in: Heinz-Dietrich Fischer (Hrsg.): Positionen und Strukturen im Printmedienbereich. Skizzen und Analysen aus der Praxis. Festschrift für Dietrich Oppenberg zum 70. Geburtstag, Düsseldorf–Wien 1987 (im Druck).

[41] Vgl. Christian Padrutt: Ausbildungspraktiken für Kommunikationsberufe in der Schweiz, in: Heinz-Dietrich Fischer / Otto B. Roegele (Hrsg.): Ausbildung für Kommunikationsberufe in Europa, a. a. O., S. 161.

[42] Nach einem Informationsblatt der Deutschen Journalistenschule, München o. J.

[43] Vgl. Wolf Schneider: Hamburger Journalistenschule, in: Heinz-Dietrich Fischer (Hrsg.): Publikums-Zeitschriften in der Bundesrepublik Deutschland. Palette – Probleme – Perspektiven, Konstanz 1985, S. 89.

[44] Daselbst, S. 89f.
[45] Daselbst, S. 92.
[46] Axel Springer Verlag AG: Pressemitteilung über die Einrichtung der Journalistenschule Axel Springer, Berlin o. J. (1985), S. 5.
[47] Daselbst, S. 4.
[48] Dieter Zurstraßen: Ausbildungs-Programm für »Journalisten in Europa« erneut ausgeschrieben, in: »Die Zeitung« (Bonn), 10. Jg. / Nr. 1, Januar 1982, S. 6.
[49] Vgl. The American Council on Germany (Hrsg.): Report 1975–1983 – John J. McCloy Fund of the American Council on Germany, New York 1983.
[50] Vgl. Columbia University (Hrsg.): Bulletin – Graduate School of Journalism, 1984–85, New York 1984, S. 37.
[51] Vgl. Stanford University (Hrsg.): The John S. Knight Fellowships 1987–88, Stanford, Calif. 1986.
[52] Vgl. Stefan Ruß-Mohl (Hrsg.): Wissenschaftsjournalismus. Ein Handbuch für Ausbildung und Praxis, München 1986, S. 257.
[53] Vgl. Helmut Müller-Reinig: Die Heinz-Kühn-Stiftung, in: Heinz-Dietrich Fischer (Hrsg.): Positionen und Strukturen im Printmedienbereich, a. a. O.

II. Allgemeinpublizistische Ausbildung

Armin Sellheim

Akademie für Publizistik*

Jetzt, um 10 Uhr c. t., lernen 25 Volontäre – 24 von Tageszeitungen, einer von einer Nachrichtenagentur – in der Akademie für Publizistik in Hamburg Rundfunkpraxis kennen. Zwölf von ihnen produzieren gerade ein etwa halbstündiges Hörfunkmagazin zu aktuellen Hamburger Themen. Sie sind mit Tonbandgeräten unterwegs gewesen, haben Interviews geführt, Straßenumfragen gemacht, O-Töne eingefangen. Sie moderieren die Sendung selber, sprechen Berichte und Kommentare auf Band und haben passende Musik ausgewählt. Die anderen 13 sind dabei, im Video-Studio der Akademie eine Fernsehsendung herzustellen, die ebenfalls die Form eines Stadtmagazins haben wird, weil so verschiedenste Darstellungsformen realisiert werden können. Auch hier wird alles selber gemacht: Themenwahl, An- und Abspann, Kamera, Beleuchtung, Moderation, Musik et cetera.

Die Hörfunkgruppe wird von Bernhard Rohe, NDR Hannover, begleitet, das Fernsehteam von Jochen Wolf, NDR Hamburg. Beide Dozenten haben die Produktionsbedingungen beim Rundfunk erklärt und ein paar Stunden theoretische Grundlagen vermittelt. Gestern früh haben die Volontäre ihre Arbeiten begonnen; Rohe und Wolf sind jetzt nur noch Ratgeber. Sie greifen in den Produktionsprozeß lediglich ein, wenn etwas nicht machbar ist. Heute abend sind die Sendungen fertig; morgen früh werden sie im Plenum vorgeführt, gelobt, verrissen; Fehler werden gesucht, gefunden, entschuldigt, akzeptiert oder auch nicht. Es wird der letzte Tag eines vierwöchigen Kompaktkurses für Volontäre sein, der mit einer offenen Schlußkritik am Seminar endet.

Für die Akademie war dies business as usual; für die Volontäre war vieles neu, alles – so hoffe ich – nützlich.

Die 25 – 8 Frauen und 17 Männer – hatten sich am 2. April in der Akademie eingefunden und seitdem ein Programm erlebt, wie es für unsere Arbeit typisch ist. Rolf Lautenschlager, einer der beiden Tutoren, und ich haben die Teilnehmer begrüßt, ihnen das Programm erläutert und die Spielregeln erklärt, unter denen man in der Magdalenenstraße 64a, Hamburg-Harvestehude – oder genauer -Pöseldorf – miteinander auszukommen hat:

* Vortrag an der Ruhr-Universität Bochum vom 29. April 1986.

- daß wir in der früheren preußischen Gesandtschaft Mieter von 500 Quadratmetern des Bundesvermögensamtes sind und mithin nicht nur aufeinander, sondern auch anderen Menschen gegenüber Rücksicht zu nehmen haben,
- daß man abends gelesene Zeitungen, Flaschen, Tassen, Gläser selber wegzuräumen hat, weil dies der Akademiesekretärin nicht zuzumuten ist,
- daß der Kursus Teil der Ausbildung ist, Fernbleiben oder Zuspätkommen ohne Grund nicht akzeptiert wird.

Und ähnliches mehr.

Die Vorstellung der Teilnehmer, die sich daran anschließt, geschieht bei uns schon auf journalistische Weise: Jeweils zwei interviewen einander. Hier bereits zeigt sich, unter welch unterschiedlichen Bedingungen Volontäre an Tageszeitungen heute zu arbeiten haben.

Da ist Gerhard von BILD (verkaufte Auflage bei 4920000). Die 75 Volontäre werden von einem hauptamtlichen Ausbildungsredakteur betreut. Da ist Paul vom *Burgdorfer Kreisblatt* (verkaufte Auflage gut 10000) mit zur Zeit vier Redakteuren und vier Volontären. Bei bestem Willen, wer hat unter solchen Bedingungen die Möglichkeit auszubilden.

Im übrigen bestätigt die Gruppe, so wie sie zusammengesetzt ist, den Trend der letzten Jahre: 24 haben Abitur, 20 studiert, 14 von ihnen einen Hochschulabschluß. Neun haben in anderen Berufen gearbeitet. Viele haben sich schon durch freie Mitarbeit bemerkbar gemacht. Viele Verlage setzen bei Bewerbern ein Hochschulstudium voraus, möglichst etwas Handfestes. Wer schon Kompetenz mitbringt oder journalistische Erfahrung, hat heute bessere Startaussichten ins Volontariat. Zwar kann niemand sagen, daß nur ein guter Journalist wird, wer studiert hat. Aber mit Studium kommt man halt eher durch die Tür zum Redaktionsflur.

Als Beleg für den Trend mag die Akademie-Statistik des vergangenen Jahres dienen:
- Fast die Hälfte aller Akademiebesucher waren Frauen – insofern ist dieser Kursus bei 8:17 etwas untypisch.
- Nahezu dreiviertel aller Volontäre arbeiten bei Zeitungen. Dies entspricht auch dem Angebot von Volontärsplätzen in der Bundesrepublik: Von den rund 2100 Volontären jährlich bilden die Zeitungen über 1500 aus.
- 96,6% der Volontäre haben Abitur, 70,2% ein Studium wenigstens begonnen, 42,6% einen Hochschulabschluß, 32,6% anderweitige Berufserfahrung.

Doch zurück zum laufenden Kompaktkurs. Am zweiten Tag steht das Thema *Die Nachricht* auf dem Programm. Heinz Köster, stellvertretender Chefredakteur von dpa, erklärt die Arbeitsweise von Nachrichtenagenturen, insbesondere von dpa. Er hat Texte vom Tage mitgebracht und spricht über Aufbau- und Stilfragen. Am Nachmittag üben sich die Teilnehmer im Schreiben und Redigie-

Ausschnitt aus einem Jahresprogramm der Akademie für Publizistik (Hamburg)

Fachseminar 2/86
Das Layout der Zeitschrift
vom 14. bis 17. Januar 1986

Dieses Seminar wendet sich vor allem an Redakteure von Zeitschriften, Fachverlagen und PR-Abteilungen. Ziel des Seminars ist es, die Grundlagen des Zeitschriften-Layouts zu vermitteln.

Nach einer Einführung in die wesentlichen Gestaltungsmittel der Zeitungen und Zeitschriften (z.B. Formate, Schrifttypen, Farben) werden Schriftkunde sowie Satz- und Drucktechnik behandelt. Auf der Grundlage einer kritischen Analyse der Aufmachung von Zeitschriften der Seminarteilnehmer sollen schließlich Layout-Übungen Anregungen für eine fachgerechte Gestaltung geben.

Teilnehmergebühr: DM 100,–

Fachseminar 3/86
Hörfunk in der Region
vom 20. bis 24. Januar 1986

Finden regionale Hörfunksender die publizistische und ökonomische Akzeptanz, die sich zukünftige Betreiber von ihnen erhoffen?

Das ist eine zentrale Frage des theoretischen Seminarteils. Außerdem werden Strukturen und Inhalte von Programmen untersucht und diskutiert.

Im praktischen Teil produzieren die Teilnehmer eine Hörfunksendung, die gewonnene Einsichten und neue Ideen verwirklichen soll.

Teilnehmergebühr: DM 125,–

Fachseminar 4/86
Die Recherche
vom 3. bis 7. Februar 1986

Wer kennt die Situation nicht? Eigentlich ist die Recherche vollständig – nur ein letzter Baustein fehlt noch im Mosaik. Leider ist jedoch der entscheidende Informant nicht auffindbar.

Der einleitende Teil des Seminars stellt grundlegende Recherchestrategien und -techniken vor. Danach erarbeiten die Teilnehmer eine vollständige Recherche mit einem abschließenden Rechercheplan, der von den Dozenten und Kollegen auf seine Vollständigkeit, Tiefe und Systematik untersucht wird.

Teilnehmergebühr: DM 125,–

Seminar 6/85
Rundfunkpraxis
vom 17. bis 28. Februar 1986

Das Seminar gibt einen Überblick über die grundlegenden Produktionstechniken und -abläufe bei Fernsehen und Hörfunk sowie über Rechtsprobleme beim Rundfunk.

Daneben vermittelt es die rundfunkspezifische Bearbeitung von Reportage, Bericht, Feature, Nachrichten- und Magazinsendungen sowie Interviews.

Das Seminar ist ausschließlich Volontären des NDR zugänglich.

Fachseminar 7/86
Foto-Grundkursus
vom 3. bis 7. März 1986

Das Seminar wendet sich an schreibende Journalisten, die nebenher fotografieren müssen, dabei jedoch über wenig Erfahrung verfügen. Den Teilnehmern wird Gelegenheit zu selbständiger Arbeit mit dem Fotoapparat und im Labor gegeben, um auf diese Weise die theoretisch vorbereiteten Ziele in die Praxis umzusetzen.

Themenbereiche sind: Kameratechnik, Filmtechnik, Wahrnehmungslehre, Objektivauswahl und -einsatz, Bildaufbau und -beschnitt, Diskussion der eigenen Fotoreportagen.

Teilnehmergebühr: DM 125,–

Fachseminar 8/86
Sportjournalismus und Kommerz
vom 10. bis 13. März 1986

Wird der Sportjournalismus zum Büttel der Werbung? Der Krach um die Rechte von Fußballübertragungen in ARD und ZDF, das Becker-Fieber, Werbeleibchenzwang für Fotografen – all dies kennzeichnet Tendenzen der Kommerzialisierung, die den Sportjournalismus unmittelbar berühren. Dies zu analysieren soll ein Schwerpunkt des Seminars sein.

Zweiter Schwerpunkt: Wie sehen journalistische Gegenstandteile aus? Kann es eine spannende und leserfreundliche Berichterstattung geben, die nicht nur dem Kommerz und der Leistung huldigt, die informiert und unterhält? Diese Fragen sollen nicht nur theoretisch, sondern in Verbindung mit Übungen, etwa Interviews mit Vertretern des Profisports, beantwortet werden.

Teilnehmergebühr: DM 100,–

Fachseminar 10/86
Einführung in die Fernsehpraxis
vom 7. bis 11. April 1986

Das Seminar richtet sich vor allem an Teilnehmer, die keine Fernseherfahrungen haben. Im ersten Teil werden die journalistischen Bedingungen und Möglichkeiten von Regional- und Lokalsendungen diskutiert. Außerdem wird eine grundlegende Einführung in TV-Produktionsbedingungen gegeben.

Im zweiten Teil stellen die Teilnehmer eigene Beiträge mit Themen für die Hamburger Region her: Drehen vor Ort, Schnitt, Vertonen, Texten auf Bild und Moderation sind die Schwerpunkte. Der Akademie steht semiprofessionelles Equipment zur Verfügung.

Teilnehmergebühr: DM 125,–

Fachseminar 11/86
Interviewtechnik
vom 14. bis 17. April 1986

Nach einer Einführung über das Interview als journalistisches Darstellungsmittel werden verbale und nonverbale Vorgänge bei Dialogen, Recherchen, Telefonaten und Interviews analysiert.

Im praktischen Teil können die Teilnehmer die Erkenntnisse unter Videokontrolle umsetzen. Ziel ist, für künftige Interviews die notwendige professionelle Routine zu gewinnen.

Teilnehmergebühr: DM 100,–

ren von Nachrichten. Kösters manchmal etwas harsche Kritik muß ausgehalten werden.

Am dritten Tag wird *Der Meinungsbeitrag* behandelt – wieder mit Übungen. Kaum einer der Teilnehmer hat je einen Kommentar oder eine Glosse geschrieben. Es werden Ängste formuliert, die eigene Meinung vor aller Ohren und Augen herauszulassen. Die Akademie macht ihren Standpunkt klar, daß es um Form, Argumentation, Struktur und Sprache von Meinungsbeiträgen geht, daß hier jeder schreiben kann, was und worüber er will, daß die Meinung inhaltlich nicht der Kritik unterliegt. Dr. Brigitte Schubert-Riese vom NDR Kiel hat viele Jahre Lokalzeitungserfahrung. Anhand guter und schlechter Beispiele gibt sie einen theoretischen Überblick. Themen werden besprochen, die sich für Kommentar oder Glosse eignen. Viel Zeit für Recherche bleibt nicht, da die Akademie kein eigenes Archiv hat.

Die fertigen Arbeiten werden am folgenden Tag besprochen, zunächst in Kleingruppen, in denen sich vier bis sechs Autoren über ihre Texte hermachen, dann im Plenum mit der Dozentin und dem Tutor. Da zeigt sich, ob bisher Gelerntes schon umgesetzt werden konnte. Fast immer entdecken die Volontäre selber schon die Schwächen und Stärken der Beiträge. Doch häufig müssen sie ermuntert werden, die eigene Meinung stärker zu akzentuieren. Drei Punkte am Schluß oder gar ein Fragezeichen sind unzulässig, Formulierungen wie »bleibt zu hoffen« oder »eigentlich müßte« zu vermeiden.

Die beiden nächsten Tage bieten ein wenig Erholung und was fürs Auge: *Layout und Umbruch bei Tageszeitungen.* Jürgen Kaffer von der ZEIT gibt einen Exkurs von der Entwicklung der Schrift bis zur Plazierung von Fotos, vom Umgang mit dem Typometer bis zum Einsatz von Farbelementen. Oberstes Ziel des Layouts: die Lesefreundlichkeit. Freilich wird auch hier auf Übungen nicht verzichtet. Seiten sind nach vorgegebenen Kriterien zu kleben, Überschriften zu machen, Spaltenbreiten auszurechnen. Und: Jürgen Kaffer begutachtet die Zeitungen der Teilnehmer. Da fallen schon mal harte Worte. Und die Wahrscheinlichkeit, daß ein Volontär nach dem Kursus seinen Chefredakteur von einem neuen Layout überzeugt, wird eher als gering angesehen.

Kernstück eines jeden Volontärkurses ist das Thema *Journalistische Darstellungsformen:* Meldung und Artikel, Bericht und Hintergrundgeschichte, Reportage und Feature. Daneben geht es um Recherchestrategien, Quellenkunde, Umgang mit Archivmaterial und Informanten. Und natürlich und immer wieder um Sprache im Journalismus.

Dr. Michael Haller vom SPIEGEL hat zwei Tage Zeit für die theoretische Einführung. Er bringt Musterstücke mit: gelungene Reportagen, Geschludertes von der letzten Seite, gute Einstiege, knirschende Übergänge, überzogene Metaphern. Er warnt davor, Presseerklärungen ungeprüft zu übernehmen, und ermutigt zur skeptischen, gegenüber Personen distanzierten und in der Sache unabhängigen Recherche. (Stimme aus dem Auditorium: »Mein Verleger kriegt schon weiche Knie, wenn ein Anzeigenkunde anruft.«)

Die Übungsaufgabe besteht darin, eine Reportage zu schreiben. Themen werden genannt: »Ein Tag in der Pferdeklinik Hochmoor«, »Impressionen im Speedway-Fahrerlager«, »Seebestattung«, »Als Frau allein beim Männerstrip«. Die Teilnehmer haben nur wenige Tage Zeit zu recherchieren, zu schreiben, zu redigieren; denn bis zum Tag, an dem die Texte besprochen werden sollen, sind noch andere Programmteile zu absolvieren.

Dr. Hellmuth Karasek spricht über *Kulturberichterstattung* und läßt Feuilleton-Stücke schreiben: Buchbesprechung, Theaterkritik, Filmrezension. Sein Kulturbegriff ist weit gefächert. Er regt an, dem Zeitgeist auf der Spur zu bleiben, neue Trends zu beschreiben: Auto-Design, Mode oder das, was man beim SPIEGEL eine »Immer-mehr-Geschichte« nennt (»Immer mehr junge Menschen tragen wieder Rucksäcke«).

Es folgen zwei Tage *Presserecht*: Prof. Dr. Udo Branahl von der Universität Dortmund behandelt die verfassungsrechtlichen Grundlagen journalistischer Arbeit, also die Bedeutung von Artikel 5 des Grundgesetzes. Er erläutert die einschlägige Rechtsprechung des Bundesverfassungsgerichts und die Probleme bei der Abwägung zwischen Pressefreiheit und Persönlichkeitsrechten.

Rechtsanwältin Renate Damm vom Springer Verlag berichtet über die tägliche Praxis, über Gegendarstellungen und die Aufgaben des verantwortlichen Redakteurs. Sie schildert, was passieren kann, wenn man ungefragt Bilder von Personen veröffentlicht, die nicht der Zeitgeschichte angehören. Beleidigungstatbestände aus dem Strafgesetzbuch werden ebenso erörtert wie zivilrechtliche Ansprüche auf Schadensersatz, Unterlassung oder Widerruf.

Ein Nachmittag gehört der BILD-Redakteurin Ute Daum-Stummer, die über die *Arbeitsbedingungen bei einer Kaufzeitung*, sprich Boulevardblatt, berichtet. Hier muß schon mal ein Vorurteil aufgegeben werden. Denn so richtige Vorstellungen davon, was es heißt, eine Zeitung zu machen, die jeden Tag verkauft werden muß, hatten die jungen Journalisten aus Cuxhaven, Wetzlar oder Uelzen bisher nicht. Dafür haben die fünf Kolleginnen und Kollegen aus dem Hause Springer tief durchgeatmet, als sie hörten, daß ein Volontär in Lüchow täglich 1½ Seiten alleine macht, während sie an guten Tagen mit 30 bis 40 Zeilen im Blatt sind.

Der im Programm so genannte *weiße Fleck* ist ein Nachmittag, dessen Thema die Volontäre selber bestimmen. Diesmal ist Jochen Blume eingeladen, Professor an der Hochschule für Gestaltung in Hamburg, der als Pressefotograf viele tausend Bilder veröffentlicht hat. Er spricht darüber, wie Lokalteile von Zeitungen besser bebildert werden können, gibt Tips für die Beschaffung von Fotos und lehrt, richtig zu sehen: »Das Auge fotografiert; der Druck auf den Auslöser liefert nur die Bestätigung«.

Schließlich – bevor es an die eingangs geschilderte Rundfunkpraxis geht – sind noch die Feuilletons (ein halber Tag) zu besprechen und die Reportagen (anderthalb Tage mit Kleingruppen-Kritik wie beim Kommentar). Karasek und Haller achten sehr auf guten Stil. Sie streichen den jungen Kollegen die Klischees (»Mattscheibe«, »Nobelherberge«, »etatmäßiger Mittelstürmer«) aus den Texten und die schiefen Bilder (»... die Spitze des Eisbergs, dessen Ausläufer bis in die Knesset reichen...«). Tränen gibt es mitunter oder kräftigen Protest. Doch allgemein wird es begrüßt, daß sich erfahrene Redakteure so intensiv mit den Arbeiten der jungen Kolleginnen und Kollegen befassen. Wo sonst hat jemand Zeit dazu. »Man hat mich ins kalte Wasser geworfen« – auch ein Klischee – ist der häufigste Satz, den Volontäre über den Start in ihren Beruf zitieren. »Meine Texte werden gedruckt oder auch nicht; aber niemand sagt mir, ob sie gut oder schlecht sind, oder wie ich sie hätte besser machen können.«

Ich habe versucht, Ihnen anhand eines Volontärkurses die Arbeitsweise der Akademie, ihre Ansprüche und ihr Angebot zu erklären. Ich meine, Sie können daraus folgendes ersehen:

1) Die Kompaktkurse sind ausschließlich auf die praktischen Bedürfnisse der Volontäre zugeschnitten. Sie vermitteln handwerkliche Fertigkeiten, die beizubringen in den Redaktionen oft niemand verfügbar ist.
2) Folglich haben wir für längere theoretische Ausflüge in die Medienpolitik oder die Kommunikationswissenschaft keine Zeit. Theorie wird zum jeweiligen Thema nur soweit angeboten, wie es dessen Verständnis erfordert.
3) Folglich lehren hier überwiegend Praktiker aus den umliegenden Medienhäusern. Die Verlage Springer, Spiegel, Gruner + Jahr, Bauer sind zu Fuß erreichbar. Ebenso der NDR oder dpa. Zugegeben, da ist der Standort an der Alster ein Platz, wie er günstiger nicht sein kann.
4) Folglich bleibt es nicht aus, daß zur Bearbeitung des einen oder anderen Themas die normalen Seminarzeiten – von zehn bis halb sechs – nicht ausreichen. Recherchen und Kontakte, Besuche von Veranstaltungen, auch Schreib- oder Lesezeiten fallen hin und wieder in die Abendstunden oder auf das Wochenende. Bei allem Freizeitwert, den Hamburg hat – als Urlaub sind die vier Wochen weder gedacht noch geeignet.

Dieser Kursus war der 58. seit dem Start der Akademie im Herbst 1970. 1400 Volontäre haben sich seither hier einen Teil ihrer Ausbildung geholt. Und dies war auch das erklärte Ziel der Gründungsversammlung, die sich am 17. Oktober 1968 erstmals traf. Ihr gehörten als Hauptinitiatoren die beiden Vorsitzenden der Berufsvereinigung Hamburger Journalisten an, Dr. Alfred Frankenfeld, Chefredakteur im Hause Springer, und Kurt Maschmann, damals Lokalchef der

Hamburger Morgenpost und bis zu seinem Tode im Jahr 1980 außerdem Leiter der Akademie.
Von Anfang an wurde auf die Zusammenarbeit mit Verlegern Wert gelegt. Denn Journalisten wie Verleger waren bestrebt, in Hamburg ein Haus zu haben, das, wie es in der Satzung formuliert ist, »[...] Volontären ausbildungsbegleitende Kurse sowie Redakteuren und Journalisten aller Altersgruppen und Medien, Mitarbeitern von Pressestellen, freien Journalisten und Angehörigen der Verlagsmanagements berufsbegleitende Fortbildung« vermittelt.
Organisiert hat sich die Akademie in der Form eines gemeinnützigen, eingetragenen Vereins. Vorsitzender seines siebenköpfigen Vorstands ist Eberhard Maseberg, bis Ende 1985 Chefredakteur des »Deutschen Allgemeinen Sonntagsblatts«, viele Jahre Mitglied, einige Zeit auch Sprecher des Deutschen Presserates. In der Mitgliederversammlung sind nicht nur die Verlegerverbände, nämlich der BDZV und der VDZ sowie deren norddeutsche Landesverbände, sondern auch der DJV vertreten. Einzelne Verlage und die dpa, der NDR und die Deutsche Angestellten-Gewerkschaft haben Sitz und Stimme. Daneben eine Reihe namhafter Journalisten aller Medien.
Aufgabe der Mitgliederversammlung ist es unter anderem, den Haushalt der Akademie und ihren Lehrplan zu verabschieden. Ein Kuratorium berät die Akademie bei der Planung von Seminaren und Kursen und unterstützt sie bei der Beschaffung der Mittel, die für ihre Arbeit notwendig sind. Sein Präsident ist Paul O. Vogel, Medienwirtschaftsbeauftragter des Hamburger Senats.
Damit bin ich bei einem Stichwort, dessen Bearbeitung eher selten zu den angenehmsten Arbeiten des Leiters der Akademie gehört – den Finanzen. Das Thema Ausbildung wird heute nicht nur von Journalistenverbänden, sondern auch in den Verlegergremien als vordringlich anerkannt. Doch wenn es ums Geld geht, wird ein ähnliches Engagement oft in etwas moderaterem Ton vorgetragen. Freilich ist seit einigen Jahren gerade auch auf seiten der Zeitungsverlage eine erfreuliche Entwicklung zu sehen.
Anlaß dafür waren die sogenannten »bindenden Grundsätze für das Redaktionsvolontariat an deutschen Zeitungen«, die 1982 verabschiedet wurden, nachdem eine Einigung mit den Journalistenverbänden nicht zustande gekommen war – übrigens bis heute nicht. Für die Arbeit der Akademie ist es jedoch nicht von vordringlichem Interesse, auf welcher vertraglichen oder tariflichen Grundlage Ausbildung gefördert wird, wenn sie nur überhaupt gefördert wird.
Jetzt, 1986, hat die Akademie erstmals eine einigermaßen gesicherte Finanzierungsgrundlage. Früher mußte der größte Teil des Geldes durch Spenden beschafft werden. Natürlich enthielt eine auf diese Weise eher zufällige Alimentierung eine Reihe von Gefahren. Der Haushalt der Akademie wies denn auch immer erhebliche Löcher auf, mühsam verdeckt durch die Hoffnung, daß sich

im Laufe des Jahres die Lücken schon noch schließen würden. Heute gibt es ein Modell, nach dem sich die Mitgliedsverlage des BDZV in Norddeutschland im Verhältnis ihrer Auflage an der Grundfinanzierung der Akademie beteiligen.

Für 1986 ist mit einem Haushalt von rund DM 740 000,– zu rechnen. Dieser setzt sich wie folgt zusammen:
- 24 Prozent machen die Gebühren von Teilnehmern aus. Pro Tag und Kopf erheben wir eine Gebühr von DM 25,–, gleich, ob es sich um Kompaktkurse für Volontäre oder um sonstige Fachseminare handelt.
- 14 Prozent beträgt die Kostenbeteiligung der Zeitungsverlage.
- 25 Prozent sind Zuwendungen der öffentlichen Hand, nämlich des Bundespresseamtes sowie der Länder Niedersachsen, Schleswig-Holstein und Hamburg.
- 32 Prozent nehmen wir an Spenden ein. Diese kommen vorrangig von den großen Hamburger Zeitschriftenverlagen, von dpa und vom Norddeutschen Werbefernsehen. Ein Drittel des Spendenaufkommens fließt der Akademie dabei von den Journalistenorganisationen zu.
- 5 Prozent sind sonstige Einnahmen: Mitgliedsbeiträge, Kostenerstattungen und so weiter.

Bezahlt werden müssen davon vier fest angestellte Mitarbeiter, Dozentenhonorare und -spesen, Lehrmittel, Miete sowie das, was an Materialien und Dienstleistungen übers Jahr anfällt. Für größere Anschaffungen – etwa die Erweiterung der Video-Anlage – müssen Sondermittel eingeworben werden, wenn es nicht gelingt, einen Mäzen zu finden, der gewissermaßen in Naturalien spendet.

Das Programm, welches die Akademie anbietet und mit diesen Mitteln zu finanzieren hat, sieht für 1986 folgendermaßen aus:
- sechs Kompaktkurse für Volontäre zu vier Wochen Dauer;
- zwei weitere Kompaktkurse zu sechs Wochen;
- zweimal fünf Tage »Die Recherche«;
- zweimal fünf Tage »Die Reportage«;
- zweimal vier Tage »Redigieren«;
- viermal vier Tage »Das Layout der Zeitschrift«;
- zweimal vier Tage »Interviewtechnik«;
- einmal drei Tage »Gerichtsberichterstattung«;
- einmal fünf Tage »Hörfunk in der Region«;
- zweimal fünf Tage »Einführung in die Fernsehpraxis«;
- einmal fünf Tage »Foto-Grundkurs«;
- zweimal zwei Wochen Einführung in journalistische Praxis für Volontäre des NDR;
- einmal sechs Wochen für Volontäre und Jungredakteure an Fachzeitschriften;

– einmal drei Tage »Journalistische Darstellungsformen« für Pastoren der Nordelbischen Kirche und der evangelischen Militärseelsorge.

Eingangs habe ich den Ablauf eines Vier-Wochen-Kurses geschildert. Wenn ich Ihnen sagte, daß dieser ein ganz normales Programm aufwies, so sind Variationen doch möglich. Zu den Muß-Themen gehören dabei Nachricht, Kommentar, Reportage, Layout, Presserecht und Rundfunkpraxis. Aber statt Feuilleton kann es auch um Sportberichterstattung oder Wirtschaftsjournalismus gehen. Und die Themen für halbtägige Werkstattberichte erfahrener Kollegen können wechseln: Auslandskorrespondenten, Anzeigenleiter, Experten für Neue Medien, Archivleiter, Macher von Supplements.

Die sechswöchigen Kompaktkurse sind im Kern ebenso angelegt, doch sind in den Übungsphasen meist etwas längere Zeiten fürs Recherchieren vorgesehen. Dazu ein paar Werkstattberichte mehr und in aller Regel ein oder zwei Exkursionen – so zu dpa oder zur »Blick«-Sendung von APF. Es fährt auch mal ein Kurs nach Bonn, um vor Ort die Arbeit und die Probleme von Pressesprechern und Korrespondenten kennenzulernen und sich das Bundespresseamt anzusehen.

Zusätzliche Lehreinheiten sind:
- *Verlagspraxis:* Auch angehende Redakteure sollten eigentlich wissen, was zwischen Manuskriptabgabe und Erscheinen der Zeitung am Kiosk passiert, sollten über Heftplanung und Marketing, Anzeigenakquisition und Postzeitungsdienst, Herstellung und Kostenstruktur Bescheid wissen.
- *Interviewtechnik:* Trainiert wird, wie Informations- und Streitgespräche zu führen sind. Videoaufzeichnungen von selbst geführten Interviews werden mit einem Kommunikationspsychologen analysiert.
- *Neue Medien:* Es gibt einen Streifzug durch das, was zur Zeit praktiziert wird; die rechtlichen, wirtschaftlichen und technischen Voraussetzungen werden erörtert, die gesellschaftspolitischen Implikationen diskutiert und Berufschancen abgewogen.
- *Journalistische Ethik:* Die Arbeit des Deutschen Presserats wird besprochen, einschließlich der publizistischen Grundsätze, des sogenannten Pressekodex, und den dazugehörigen Entschließungen und Richtlinien, die der Presserat formuliert hat. Darüber hinaus geht es um gefährliche Strudel, welche die tägliche Pressearbeit mit sich bringen kann, also Verlockungen, denen insbesondere Wirtschafts-, Reise-, Autojournalisten ausgesetzt sind. Und es geht um die Unsitte des Scheckbuchjournalismus: Informationen für den Meistbietenden.

Die Fachseminare der Akademie kann man in zwei Gruppen teilen. Da sind zunächst diejenigen, welche journalistisches Handwerk vermitteln, ähnlich wie in den Kompaktkursen. Sie werden mindestens zweimal im Jahr angeboten. Dazu gehören:

- *Die Reportage:* Hier kann ich mich auf das beziehen, was ich zum gleichen Thema bei der Schilderung des laufenden Volontärkurses gesagt habe.
- *Die Recherche:* Dieses Seminar behandelt zunächst die Voraussetzungen einer guten Recherche, nämlich die Nutzung allgemein zugänglicher Quellen wie Büchereien, Archive, Lexika, statistische Ämter und dergleichen. Der Dozent erläutert Aufbau und Strategie einer Recherche, theoretisch und an Beispielen. Der Übungsteil besteht darin, die Teilnehmer, von einem bestimmten Sachverhalt mit einer bestimmten Hypothese ausgehend, einen Rechercheplan entwickeln und durchführen zu lassen. Beispiel: »Wie sicher ist in Hamburg die Vernichtung von alten Autobatterien?« In Kleingruppen werden vier bis fünf Themen bearbeitet. Die Ergebnisse werden am Schluß des Seminars im Plenum und mit dem Dozenten besprochen und kritisiert.

    Mir liegt an diesem Seminar besonders viel. Auch der Lokalredakteur, sagen wir in Stade, sieht sich heute vor einer Fülle komplizierter Sachverhalte, vor einer Vielzahl unterschiedlicher wissenschaftlicher, politischer und rechtlicher Meinungen dazu. Er hat vor sich die verschmutzte Elbe mit ihren quecksilberverseuchten Aalen. Er hat neben sich ein Atomkraftwerk und hinter sich die Ausläufer der Lüneburger Heide, deren Grundwasser von den Hamburgern vertrunken, verwaschen und verkocht wird. Man kann von ihm nicht erwarten, die Examina in Chemie, Kernphysik und Forstwissenschaft nachzuholen. So kann er zwei bequeme Wege gehen. Er kann die Presseerklärungen des Atomkraftwerkes, der Stadtverwaltung oder der Landesregierung ungeprüft abdrucken – wir nennen das Verlautbarungsjournalismus. Oder er kann sich bei Fachleuten seiner Couleur Argumente holen, die seinen Vorurteilen nicht gefährlich werden – wir nennen das Gesinnungsjournalismus.

    Er kann aber auch versuchen – und das ist mit Arbeit verbunden –, mißtrauisch den Dingen auf den Grund zu gehen, also sorgfältig zu recherchieren. Hierzu braucht er freilich einen Fonds verläßlicher Quellen, rasch zu aktivierender Kontakte und die Kenntnis, wo Zahlen, Gutachten, Statistiken abzurufen sind. Kurzum, wenn das eigene Wissen nicht ausreicht, muß er wissen, wo er sich schlauer machen kann. Auch dies gehört zu einer wirksamen Recherche-Strategie.
- *Redigieren:* In diesem Seminar wird anhand eigener und fremder Texte Redaktionsarbeit geprobt: Kürzen, Überschriften, Umstellen von Textpassagen. Da es sich bei fremden Texten oft um Manuskripte freier Mitarbeiter handelt, ist ein Teil Lebenshilfe eingebaut: Dozenten und Tutoren geben Hinweise über den pfleglichen Umgang mit freien Autoren. Texte von Technikern und Wissenschaftlern entsprechen meist nicht dem journalistischen Aufbau, der Knüller steht nicht am Anfang, sondern am Ende. Sie dazu zu bringen, ihre Arbeiten nach redaktionellen Prinzipien herzustellen, ist oft

ein mühsames Geschäft. Der Versuch, ein total umgeschriebenes Manuskript genehmigen zu lassen, ist schon an mancher Eitelkeit gescheitert.
- *Das Layout der Zeitschrift:* Die Teilnehmer kommen oft von kleinen Zeitschriften, insbesondere Fachzeitschriften, aber auch aus Pressestellen und Agenturen. Sie haben sich ihr Handwerk quasi autodidaktisch angeeignet und schauen hier gern den Blattmachern über die Schulter. Die Dozenten skizzieren nicht nur den großen Wurf auf dem Flip-Chart, sondern geben anhand der Objekte ihrer Schüler Tips für die Verbesserung bis hin zum richtigen Einsatz von Initialen – ein W ist allemal besser als ein I.
- *Foto-Grundkurs:* Lokalredakteure, zumal bei kleinen Zeitungen, sind häufig darauf angewiesen, die Bilder für ihre Berichte selber zu machen. Der vielleicht einzige Fotograf im Haus kann nicht überall zur Stelle sein, wenn eine Scheune brennt und gleichzeitig eine Fußgängerzone eingeweiht wird und der örtliche Fußballverein um die Meisterschaft kämpft. Freie Fotografen stehen auch nicht immer zur Verfügung. In diesem Seminar wird schreibenden Journalisten wenigstens in Grundzügen das Fotografieren beigebracht, von der Wahrnehmungslehre bis zur Labortechnik, von der Schärfenstrecke bis zur Ausschnittsvergrößerung.
- *Interviewtechnik:* Der Journalist, der ein Interview zu führen gedenkt, ist oft in der Situation, daß er von seinem Partner mehr zu erfahren wünscht, als dieser zu sagen bereit ist. Um dennoch zum Ziel zu kommen, muß er eine gute Vorausrecherche gemacht haben, eine gute Atmosphäre schaffen sowie das eigene und das Verhalten seines Partners in der Interviewsituation analysieren können. Trainiert werden in diesem Seminar also nicht nur der inhaltliche Aufbau eines Interviews und die verständliche Formulierung von Fragen, vielmehr geht es auch darum, schwierige Interviewsituationen meistern zu lernen, ganz gleich, ob es sich um ein Informationsgespräch, eine Telefonrecherche oder ein Live-Interview fürs Radio handelt. Die Teilnehmer führen untereinander Interviews, bei denen jeweils einem Partner ausgefallene Verhaltensregeln gegeben werden. Auch holt die Akademie versierte Gesprächspartner ins Haus, um Angst vor Prominenz abbauen zu helfen. Alle Interviews werden mit der Videokamera aufgenommen und nachher mit dem Dozenten – kein Journalist, sondern ein Psychologe – analysiert.
- *Hörfunk in der Region:* Wo immer mehr Verlage sich am privaten Rundfunk beteiligen, sind immer mehr schreibende Journalisten daran interessiert zu lernen, wie man Hörfunk macht. Freie Journalisten wollen sich auf neue Berufsfelder einstellen. Da zweifellos der private Hörfunk eher regionale und lokale Themen behandeln wird, liegt der Schwerpunkt dieses Seminars auch in der Vermittlung entsprechender Techniken und im Aufbau entsprechender Programme. Im Theorieteil geht es um Entwicklungstendenzen in diesem

Bereich und um Hörerverhalten. Im praktischen Teil wird ähnlich wie in den Volontärkursen eine lokale Magazinsendung vorbereitet und sendefertig gemacht.
- *Einführung in die Fernsehpraxis:* Noch größer als beim Hörfunk ist das Interesse am Medium Fernsehen. Und ähnlich wie dort wird hier versucht, erste Erfahrungen in Produktionsabläufe, Ästhetik und Gestaltung von Fernsehbeiträgen zu sammeln. Der Zulauf zu diesem Seminar ist auch deshalb so stark, weil offenbar sonst nirgendwo die Möglichkeit besteht, sich außerhalb der öffentlich-rechtlichen Anstalten mit Hilfe erfahrener TV-Journalisten auf dieses Medium einzustellen. Beispielsweise liefern schon einige der rund 140 Verlage, die dem aktuellen Pressefernsehen angehören, Beiträge zum SAT 1-Programm. Doch die Mitarbeiter, die solche Stücke produzieren, haben allenfalls zu Hause mit der Videokamera trainiert. Einige Verlage haben bestens ausgestattete Fernsehstudios, mit deren Standard derjenige der Realisatoren nicht mithalten kann.

Daneben bietet die Akademie gelegentlich drei- bis fünftägige Kurse zu bestimmten Sachthemen an. Das kann sein *Gerichtsberichterstattung* einschließlich des Besuches einer Verhandlung und eines Berichts darüber. Das kann sein *Kommunale Haushaltspolitik:* Der Leser einer Lokalzeitung muß in verständlicher Form über Bebauungspläne, Kommunalsteuern, den Einsatz von Sondermitteln orientiert werden – und der Lokaljournalist muß das, was im Stadtparlament besprochen und beschlossen wird, verstehen und umsetzen können. Das kann sein *Meinungsbeiträge in der Fachpresse:* Hier geht es darum, Kommentare und Glossen zielgruppengerecht an den Leser zu bringen. Der gleiche Sachverhalt, den die Tageszeitung je nach der Bedeutung, die sie ihm beimißt, auf der Seite 1 oder unter »Vermischtes« bringt, wird in der Fachpresse oft selektiv behandelt. Die Novellierung des Tierschutzgesetzes wird den Lesern von »Wild und Hund« unter anderen Aspekten darzubringen sein als denen der »Veterinärmedizinischen Nachrichten«.

Eine dritte Gruppe von Fachseminaren findet für geschlossene Interessengruppen statt. Da sind Funktionäre und Geschäftsführer des Deutschen Hotel- und Gaststättenverbandes, die sich in Öffentlichkeitsarbeit trainieren wollen. Da sind Pastoren, die daran interessiert sind, journalistische Darstellungsformen kennenzulernen, um ihre Gemeindebriefe lesbarer zu machen oder das »Schreiben fürs Hören« zu erlernen, falls sie die Morgenandacht im Hörfunk zu halten haben. Da sind Korrespondenten des Evangelischen Pressedienstes, die sich von erfahrenen Nachrichtenredakteuren im »Agenturjournalismus« unterrichten lassen – ein Seminar, das die Akademie in Zusammenarbeit mit dem Gemeinschaftswerk der evangelischen Kirche veranstaltet. Da sind die Volontäre des Norddeutschen Rundfunks, die sich neben der anstaltsinternen Ausbildung in einem zweiwöchigen Kompaktkursus Grundwissen journalistischer Praxis aneignen.

Hierzu gehört auch ein Seminar zur *Aus- und Fortbildung von Redakteuren an Fachzeitschriften*, das die Akademie jährlich anbietet. Es wird zusammen mit der Bertelsmann Stiftung, dem Börsenverein des Deutschen Buchhandels und dem Verband Deutscher Zeitschriftenverleger durchgeführt und dauert insgesamt sechs Wochen – drei im Frühsommer, drei im Spätherbst. Es baut auf den Erfahrungen der Kompaktkurse für Volontäre auf, behandelt aber vorrangig die spezielle Problematik der Fachpresse. Mithin enthält es auch Teile, die die »wirtschaftliche Situation der Fachpresse«, »zielgruppengerechtes Schreiben« und »Umsetzen von Fachterminologie in verständliche Sprache« behandeln. Die Kosten für dieses Seminar sind vier Jahre lang in voller Höhe von der Bertelsmann Stiftung übernommen worden. Jetzt hat es seinen festen Platz im Programm der Akademie und wird ab 1987 über Gebühren finanziert, die jedoch über denen der anderen Seminare liegen – Beitrag auch der Fachpresse an der Grundfinanzierung der Akademie.

Lassen Sie mich zum Schluß etwas über das Publikum sagen, mit dem die Akademie täglich zu tun hat. Von Ausnahmen abgesehen – wo gibt es die nicht – treffen wir auf eine interessierte, gut vorgebildete und lernwillige Zuhörerschaft. Wenn wir uns über die beruflichen Perspektiven unterhalten, so sind zwei Trends sichtbar: ein erheblicher Prozentsatz möchte auch in Zukunft im Lokaljournalismus arbeiten, ein erheblicher Prozentsatz – dies ist eine Wandlung in den letzten Jahren – zielt in Richtung Neue Medien. Im privaten Hörfunk und im privaten Fernsehen tun sich neue Berufsfelder auf, die auch von den Volontären der Tageszeitungen im Auge behalten werden. Das Traumziel, Korrespondent für die ZEIT in Rom zu sein, wird selten formuliert. Andererseits sagt aber auch mal jemand: »Ich möchte Chefredakteur werden.« Warum auch nicht.

In aller Regel werden die Gebühren für das Seminar, die Aufenthaltskosten, Spesen etc. von den entsendenden Häusern getragen. Freilich kommt es immer noch vor, daß Volontäre ihren Jahresurlaub nehmen, um hier einen Kursus zu belegen, und das entsprechende Geld dafür auch selber aufbringen. Sie kommen meist aus Verlagen, bei denen überbetriebliche Ausbildung wie bei den Zeitungsverlagen noch nicht Pflicht ist.

Die Zusammensetzung der Fachseminare zeigt ein sehr heterogenes Bild. Es kommen junge Journalisten aus den Printmedien, die von ihren Verlagen hierher entsandt werden, weil man in diesen Häusern ein Interesse an Fortbildung auch nach Abschluß des Volontariats hat. Andererseits treffen wir einen ganz erheblichen Teil freier Journalisten, die von der gelegentlichen Unterbringung eines Manuskriptes nicht leben können und sich neu orientieren wollen, und zwar gerade in Richtung freier Mitarbeit für Hörfunk und Fernsehen.

Speziell in Seminaren wie »Layout«, »Recherche« und »Interviewtechnik« finden sich oft Mitarbeiter von Pressestellen ein, die für Haus- und Verbandszeitschriften arbeiten und als Seiteneinsteiger keine journalistische Ausbildung genossen haben. Hierzu gehört auch die Gruppe engagierter, redaktionell kaum vorgebildeter, aus dem Universitätsbereich kommender Produzenten von Zeitschriften mit Ökologie- und Dritte-Welt-Themen.

Bis weit in die 70er Jahre hinein hat die Akademie immer Fachseminare angeboten, bei denen es darum ging, Volontäre und Redakteure im Umgang mit Textcomputern zu schulen. Nachdem jedoch inzwischen fast überall die neuen Redaktionssysteme eingeführt sind, ist hier kein Bedarf mehr. Heute kann es schon einmal vorkommen, daß jemandem die Vokabel »Bleisatz« unbekannt ist und er um Erläuterung bittet. Wie in manchen Verlagshäusern die alte Linotype die Eingangshalle ziert, so steht bei uns, nun zum gelegentlichen Training benutzt, eine *Harris 1100* aus der ersten Generation der Bildschirmredaktionsmaschinen.

Die Akademie hat sich inzwischen über Norddeutschland hinaus einen Ruf erworben. Über 40 Prozent aller Teilnehmer kommen aus anderen Regionen bis hin – exotische Ausnahme – zur »Kalamazoo-Gazette« in Michigan, USA.

So sehr die Akademie den allgemeinen Zuspruch genießt, so sehr bedauert sie, daß die Wartelisten für Seminare und Kurse immer länger werden. Unter den gegenwärtigen personellen und räumlichen Umständen kann sie mehr nicht tun. Mittelfristiges Ziel der Akademie wird es daher sein, in Zusammenarbeit mit Journalisten- und Verlegerverbänden Möglichkeiten ausfindig zu machen, welche die Arbeit der Akademie auf eine breitere Grundlage stellen.

WERNER VON HADEL
Deutsches Institut für publizistische Bildungsarbeit*

Mehr als ein Jahrzehnt nach dem Wiedererstehen der deutschen Presse wurde Ende 1960 in Düsseldorf von Journalisten- und Verlegerverbänden das *Deutsche Institut für publizistische Bildungsarbeit* gegründet. Dennoch ist das Institut die älteste Institution berufsbegleitender überbetrieblicher Journalistenausbildung in der Bundesrepublik Deutschland.

Während berufliche Weiterbildung von Journalisten bereits seit 1951 durch die *Gesellschaft für zeitungsfachliche Fortbildung* kontinuierlich betrieben wurde, einer Vorgängerin der ebenfalls 1960 gegründeten *Trägergesellschaft des Deutschen Instituts für publizistische Bildungsarbeit*, ist die überbetriebliche Ausbildung von Volontären erstaunlich lange vernachlässigt worden. Das gilt übrigens für die Journalistenausbildung insgesamt. Außer einigen kurzlebigen Ausbildungsinitiativen der westlichen Besatzungsmächte nach 1945 kann nur das *Werner Friedmann-Institut* in München, seit 1961 als *Deutsche Journalistenschule* fortgeführt, beanspruchen, sich frühzeitig um eine systematische Ausbildung bemüht zu haben. Freilich für eine jeweils recht geringe Gruppe von Journalisten, gemessen an der Gesamtzahl der in der Praxis, d. h. vor allem bei Tageszeitungen tätigen Volontären.

Vornehmlich zwei »herrschende« Auffassungen der journalistischen Praxis haben den Weg zu einer Theorie-Praxis-Integration der Journalistenausbildung allzulange verstellt:

Die Ansicht, Journalismus sei nicht primär Lernberuf, sondern ein Begabungsberuf, zu dem man »geboren sein« müsse. Immerhin wurde noch bis Anfang der 70er Jahre im »Berufsbild« des Deutschen Journalistenverbands die Begabungsthese vertreten. Zweitens das Festhalten am »offenen Zugang« zum Beruf des Journalisten. Sicherlich haben die üblen Erfahrungen mit dem »Schriftleitergesetz« der Nationalsozialisten entscheidend dazu beigetragen, bis heute am »offenen Zugang« nicht zu rütteln. Daß dieser Grundsatz dennoch in der Anstellungspraxis weitgehend überholt erscheint, hat vorwiegend mit der veränderten Eingangsbildung der Volontäre zu tun. Mehr als die Hälfte der zur

---

* Vortrag an der Ruhr-Universität Bochum vom 27. Mai 1986.

Zeit eingestellten Volontäre hat an Hochschulen studiert. In vielen großen Verlagen, vor allem aber bei den Rundfunkanstalten, ist der Studienabschluß Voraussetzung für das Volontariat geworden. Zusätzlich sorgt die derzeitige Arbeitsmarktlage für eine Normierung der Eingangsvoraussetzungen.

Allerdings hat sich bis heute wenig am erdrückenden Übergewicht der produktionsbezogenen Volontärausbildung »vor Ort«, des »learning by doing«, geändert. Erst im Jahre 1969, also 20 Jahre nach dem Wiederaufbau der Presse, wurden zwischen dem Bundesverband der Deutschen Zeitungsverleger (BDZV) und den Journalisten-Verbänden die sogenannten »Ausbildungs-Richtlinien«[1] vereinbart. Diese Soll- (nicht Muß-)Bestimmungen setzten zum ersten Mal Maßstäbe für die Regelung des innerbetrieblichen Volontariats, z. B. Beschreibung der Ausbildungsabläufe, der Ausbildungsdauer und die Benennung eines Ausbildungsredakteurs. Vergleichsweise dürftig und wenig verpflichtend ist in diesen Richtlinien die überbetriebliche Ausbildung geregelt: Es heißt dazu im § 6, Absatz 3, unter der Überschrift »Anrechnung« lediglich: »Anzurechnen ist die Teilnahme an journalistischen Ausbildungskursen, die von den Berufsverbänden getragen oder anerkannt werden«.

Erfolglos blieben seitdem die Bemühungen der Journalisten-Verbände, die Volontärausbildung tarifvertraglich zu regeln und dabei auch die überbetriebliche Ausbildung genauer zu bestimmen.

Im gemeinsamen Tarifentwurf des Deutschen Journalisten-Verbandes und der IG Druck und Papier von 1980 wird unter anderem gefordert, »zusätzlich zu den verlagsinternen Schulungsveranstaltungen muß der Volontär in jedem Jahr der Ausbildung mindestens sechs Wochen an Ausbildungskursen eines der von den Berufsorganisationen der Presse anerkannten oder getragenen Institute teilnehmen. Teilnehmergebühr, Fahrt- und Aufenthaltskosten trägt der Verlag. Die für die Teilnahme an solchen Kursen gewährte Freizeit darf nicht auf den Jahresurlaub angerechnet werden. Bestandteil der Ausbildung ist außerdem ein dreimonatiges Praktikum außerhalb des Verlages, insbesondere bei anderen Massenmedien.«[2]

Nachdem die Verleger 1981 erklärt hatten, sie sähen keine Chance, sich mit den Journalistenorganisationen über einen Volontärausbildungsvertrag zu einigen, verabschiedete die Delegiertenversammlung des Bundesverbandes Deutscher Zeitungsverleger 1982 »Grundsätze für das Redaktionsvolontariat an deutschen Tageszeitungen«.[3]

Für die überbetriebliche Ausbildung werden gegenüber den Vereinbarungen von 1969 einige bemerkenswerte Einschränkungen der überbetrieblichen Ausbildung formuliert. So ist nicht mehr die Rede von Bildungskursen, die von den Berufsverbänden anerkannt werden, sondern vom Verlag allein anerkannten Bildungskursen (§ 3). Als Abrücken von der überbetrieblichen Ausbildungs-

Beispiele aus dem Programmangebot des Deutschen Instituts für publizistische Bildungsarbeit (Hagen)

VIERWÖCHIGE GRUNDKURSE FÜR VOLONTÄRE

Teilnehmerkreis: Volontäre bei Tages- und Wochenzeitungen, bei Agenturen, Publikums- und Fachzeitschriften, Pressestellen, Anzeigenblättern, Alternativzeitungen, Rundfunkanbietern

94. Volontärkurs: 25. August bis 19. September 1986

95. Volontärkurs: 24. November bis 19. Dezember 1986

- Überblick über Tätigkeitsfelder, Arbeitsweisen und -bedingungen im Journalismus
- Reflexion von Berufserfahrung und Aufgaben der Journalisten
- Entscheidungshilfen für die berufliche Praxis
- Aktives Lernen in kleinen Arbeitsgruppen, Diskussionen mit Praktikern aus verschiedenen Medienbereichen, praktische Übungen, Erfahrungsaustausch über unterschiedliche Berufssituationen, Vermittlung von notwendigem Hintergrundwissen. Umfangreiches Informationsmaterial ergänzt die praktische Arbeit.

Teilnahmegebühr: DM 980,– (einschl. Unterkunft, Verpflegung, Arbeitsmaterialien, Exkursionen u.a.m.)

42. LEHRGANG FÜR AUSZUBILDENDE IN ZEITUNGS- UND ZEITSCHRIFTENVERLAGEN

22. September bis 3. Oktober 1986

- Organisationsstrukturen des Verlags
- Rechtsfragen im Verlag
- Anzeigen: Werbung, Preise, Anzeigenannahme
- Vertrieb: Aufbau, Form, Funktionen
- Technische Herstellung von Zeitungen und Zeitschriften

Teilnahmegebühr: DM 680,– (einschl. Unterkunft, Verpflegung, Arbeitsmaterialien, Exkursionen etc.)

WEITERBILDUNGSPROGRAMME

24. bis 26. Juli 1986
Hagener Video-Sommer
Hochschulmitarbeiter präsentieren Video-Produktionen / Ziele und Bedingungen der Arbeit / Erfahrungsaustausch

6. bis 8. Oktober 1986
Seminar der Handwerkspresse
Fachsprache verständlich formuliert / Möglichkeiten der Recherche / Moderne Blattgestaltung

8. bis 10. Oktober 1986
Entwicklungen der modernen Zeitungstechnik
Die Bündelung von Tätigkeiten am Arbeitsplatz / Reporter und Redaktroniker / Der Weg zum Ganzseitenumbruch

13. bis 16. Oktober 1986
Seminar für Bildjournalisten
Drucktechnik und Bildqualität / Themen mit und ohne Farbe / Bildjournalismus und Werbung

13. bis 16. Oktober 1986
Braucht das Lokale einen eigenen Wirtschaftsteil?
Was sind lesernahe Wirtschaftsthemen? / Möglichkeiten der Abgrenzung zum Lokalteil / Formen verständlicher Darstellung

18. Oktober 1986
Arbeit und Sport
Tagung für Pressewarte im Betriebssportverband Nordrhein-Westfalen

20. bis 24. Oktober 1986
Formale Erfassung
Seminar für Medienarchivare und -dokumentare
Datenstrukturierung in der Dokumentation / Regelwerke für die Erfassung von Hörfunk- und Filmdokumenten / Bildarchivierung

komponente müssen wohl auch die Bestimmungen in § 14 der BDZV-Grundsätze gesehen werden. Danach soll der Redaktionsvolontär im Rahmen eines zweijährigen Volontariats vier Wochen lang an »ressortübergreifenden, vom Verlag bestimmten Bildungsmaßnahmen« teilnehmen. Und weiter: »Verlage, die nur über eine Lokalredaktion verfügen, können diese Teilnahme auf die Zeiten anrechnen, in denen der Redaktionsvolontär in einer Gemeinschaftsredaktion, in anderen Verlagen oder durch Teilnahme an sonstigen Bildungsmaßnahmen für die weiteren Ressorts unterwiesen wird.«

Was können vor dem Hintergrund dieser Entwicklung die vierwöchigen Grundkurse (fünf pro Jahr) und die 14tägigen Aufbaukurse des Deutschen Instituts für publizistische Bildungsarbeit leisten? Welche Lerninhalte können angeboten werden, welche Lernziele sind zu setzen?

Die im dualen System der Berufsbildung (im Gegenüber also von Betrieb und Berufsschule) durch die Pädagogik entwickelte Berufsbildungstheorie bietet für das, was wir als »überbetriebliche berufsbegleitende Journalistenausbildung« bezeichnen, kaum Ansatzpunkte. Einmal, weil in dieser Theorie die Begriffe »Beruf« und »Bildung« allzu statisch gesehen werden und dem raschen Wandel, wie er sich zum Beispiel in den Tätigkeitsmerkmalen und Berufsprofilen des Journalismus zunehmend abzeichnet, nicht gerecht werden. Zum anderen, weil im Gegenüber von betrieblicher und überbetrieblicher Journalistenausbildung noch weniger an »Waffengleichheit« vorhanden ist als in anderen Bereichen der Berufsausbildung. Mit anderen Worten: Weniger verbindliche Regelungen für den überbetrieblichen Sektor, größere Abhängigkeit von den Verlagen bei der Entsendung von Volontären und bei der Abstimmung der Lerninhalte.

Es erschien daher sinnvoller für unsere Arbeit, einen Ansatz aus der Berufsbildungsdiskussion aufzunehmen, der heute vielfach als »Theorie der Lernorte« bezeichnet wird.[4] In der Blütezeit reformpädagogischer Diskussion hat 1974 der Deutsche Bildungsrat »Lernort« folgendermaßen definiert:
– Eine Einrichtung, die Lernangebote organisiert,
– an einer lokal beschreibbaren Stelle,
– mit pädagogisch-didaktischer Eigenständigkeit,
– und dem Angebot spezieller Lernprozesse und Lernziele.[5]

Diese Bestimmungsfaktoren vom »Lernort« sind für uns bei der Konzeption von Kursen und Seminaren ein hilfreicher Rahmen. Sowohl bei der differenzierten Abstimmung mit dem Lernen in Verlagen und Redaktionen als auch bei der Schaffung eines *eigenständigen* Angebots von Ausbildungsinhalten, die in den einzelnen Redaktionen »vor Ort« nicht geleistet werden oder nicht geleistet werden können.

Bei der Auflistung von Lernfeldern des Journalismus, die der Zuordnung zur betrieblichen und überbetrieblichen Ausbildung vorangehen muß, können wir nicht auf den kontinuierlichen Dialog mit Ausbildungsredakteuren *und* mit den Teilnehmern der Kurse verzichten.

Am Ende eines jeden Jahres findet im Journalisten-Zentrum ein mehrtägiges »Colloquium für Chefredakteure und Volontärausbilder« statt. Ergebnisse unserer Kursarbeit werden zur Diskussion gestellt, Ausbildungsinitiativen in den verschiedenen Redaktionen dahingehend überprüft, wie sie in der überbetrieblichen Arbeit ergänzt und auf breiterer Erfahrungsbasis vermittelt werden können. Die Wünsche, Erwartungen und Bedürfnisse der Volontäre werden zu Beginn eines Vierwochen-Kurses nach Schwerpunkten geortet: Wie ist jeweils das Interesse für verschiedene Themenkreise gewichtet? In den zahlreichen Arbeitsgemeinschaften des Vierwochen-Kurses können spezielle Wünsche zusätzlich und kurzfristig als Angebot berücksichtigt werden.

Wichtiger und grundsätzlicher sind jedoch die Ergebnisse, die wir seit 15 Jahren durch Auswertung von Fragebögen gewinnen, die von den Teilnehmern am Ende eines jeden Grundkurses beantwortet werden. Analysen dieser Ergebnisse auf der Basis von drei bis fünf Kurseinheiten ermöglichen es, das Lernangebot immer wieder zu überarbeiten, zu korrigieren und auf neue Bedürfnisse einzustellen.

Bei der Grobauflistung der journalistischen Ausbildungsfelder wird deutlich, daß die meisten Themen – auf unterschiedliche Weise – sowohl Gegenstand der betrieblichen als auch der überbetrieblichen Ausbildung sein sollten:

Ausgesprochen stiefmütterlich behandelt wird in der Ausbildung »vor Ort« ein Themenkreis, den ich unter dem Titel *Grundlagen beruflicher Reflexion* zusammenfasse. Dazu gehören Themenangebote wie Aufgaben und Funktionen des Journalismus, Kommunikationspolitik, berufliches Selbstverständnis, das Rechtsverhältnis Redaktion/Verlag, wirtschaftliche Grundlagen journalistischer Arbeit, arbeits- und sozialrechtliche Bedingungen des Berufs, Aufgaben und Tätigkeit der Berufsverbände oder Fragen beruflicher Aus- und Weiterbildung.

Thematisch verzahnt ist dieser Bereich mit dem Themenfeld *Medien- und Kommunikationstheorie,* das nach unseren Feststellungen in der betrieblichen Ausbildung ebenfalls kaum berücksichtigt wird. Allerdings bemühen wir uns, relevante Ergebnisse der Kommunikationswissenschaft, zum Beispiel: Leser- und Kommunikatorforschung oder Medienstatistik, in Übungen einzubetten, die anwendungsbezogen konzipiert sind. Bei dem oft notwendigen zeitlichen Nacheinander der verschiedenen Lernangebote ist es dennoch unerläßlich, den Zusammenhang der einzelnen Themenfelder für das journalistische Handeln ständig deutlich zu machen.

Das gilt auch für die Rubrik *Journalistische Grundtätigkeiten:* Recherchieren, Sammeln, Bewerten und Auswählen von Informationen, Schreiben (Formulieren), Redigieren, Gestalten oder Präsentieren.

Natürlich haben sich die Volontärinnen und Volontäre, wenn sie etwa zur Halbzeit ihres Volontariats zu uns kommen, diesen Tätigkeiten in der Praxis oft genug stellen müssen. Dennoch findet dies zumeist unter Bedingungen statt, die unreflektiert übernommen und durch Gewöhnung oder Zufall geprägt sind. Derlei Bedingungen haben sich nach unseren Beobachtungen weiter verschärft durch die Praxis der Verlage, Volontäre vor ihrer Anstellung längere Zeit als freie Mitarbeiter, vornehmlich in einer Lokalredaktion, zu beschäftigen. Davon sind inzwischen bereits 60% der Volontäre und Volontärinnen in unseren Kursen betroffen. In Recherche- und Selektionsübungen wird dann auch deutlich, daß sich noch viele Möglichkeiten für die Leser und ihre Ansprüche ausschöpfen lassen. Ähnliches ist zum Themenfeld *Journalistische Darstellungsformen* zu sagen: Nachricht, Bericht, Feature, Reportage, Interview, Dokumentation, Leitartikel, Kommentar, Glosse, Foto, Grafik, Karikatur etc. Wenn auch ständig mit dem Blick auf journalistische Produktion, muß Sprache hier vor allem unter Gesichtspunkten wie Verständlichkeit und sozialer Wirkung von Wörtern und Sätzen bedacht und geübt werden.

Das Lernangebot *Journalistische Tätigkeitsfelder* wird vorwiegend in kleinen Teilnehmergruppen bearbeitet, mit der Möglichkeit von Recherchen und Interviews »vor Ort«. Von den Volontären wird dieses Angebot gern genutzt, denn in der Ausbildung »vor Ort« lernen sie außer in der Lokalredaktion höchstens in ein bis zwei anderen Ressorts die Arbeitsweisen der Redakteure kennen.

Zunehmend wichtig für den Berufsanfänger wird es, gründlich informiert zu sein über *andere Medien:* die elektronischen Medien – Hörfunk, Fernsehen, Btx –, Publikumszeitschriften, Fachzeitschriften und Nachrichtenagenturen. Ausführlich werden die technische Entwicklung bei Hörfunk und Fernsehen (neue Medien) und die medienpolitische Marktentwicklung (private Betreiber) im Kursangebot berücksichtigt.

Die *Neue Zeitungstechnik* und ihre Auswirkungen auf Berufsbild und tägliche Arbeit sind als Thema mehreren der bereits dargestellten Bereiche eng zugeordnet. Zur Dokumentation und für praktisches Arbeiten (zum Beispiel: Recherche über Datenbanken) verfügt das Institut seit kurzem über zwei EDV-Arbeitsplätze.

Die *Vermittlung von Sachwissen* muß in dem Zeitraum von vier Wochen auf die Gebiete beschränkt bleiben, die von der Häufigkeit der Anwendung im Beruf bestimmt werden. So handelt es sich im Grunde eher um ein berufliches Fachwissen im weiteren Sinn. Zum Beispiel: Grundlagen des Presserechts, Wissen zur Gerichtsberichterstattung, Aufbau des kommunalen Haushaltsplans oder Grundzüge der Gemeindeverfassung.

Die intensive Beschäftigung mit einem komplexen Sachthema wird jeweils in den 14tägigen Aufbaukursen des *Deutschen Instituts für publizistische Bildungs-*

arbeit angeboten. Mit den journalistischen Mitteln der Recherche und des Interviews, aber zugleich durch Spezialliteratur und Archivmaterial versuchen die jungen Journalisten, die verschiedenen Aspekte des Themas zu erfassen.

Die Ergebnisse dieses »forschenden Lernens« verarbeiten sie als Berichte, Reportagen, Kommentare oder als Fotos in einer achtseitigen Zeitung, die in kleiner Auflage gedruckt wird. Zu den ersten dieser Report-Themen gehörten »Umwelt und Umweltschutz«, Probleme einer Großstadt (»Hagen-Report«), »Geschichte und Kultur ›von unten‹«, »Wirtschaftsprobleme des Ruhrgebiets« oder »Initiativen für neue Formen der Arbeit«.

Recherchieren »vor Ort« soll freilich nicht als bloße Wiederholung der vertrauten Arbeit in den Redaktionen aufgefaßt werden. Themenstellung, gemeinsame Vorbereitung und kritische Begleitung des Zeitungsprojekts müssen dafür sorgen, vom Team gesetzte Ziele zu verwirklichen.

Das Journalisten-Zentrum Haus Busch in Hagen, seit 1974 Domizil des *Deutschen Instituts für publizistische Bildungsarbeit,* kann nicht als »Lernort« organisiert sein, der als eine vorwiegend der Reflexion zugewandte Bildungsstätte verstanden wird, als ruhender Gegenpol gleichsam zum »Machen« und zur Produktion in Verlagen und Redaktionen. Natürlich muß Nachdenken über journalistisches Handeln in Haus Busch immer ausreichend zu seinem Recht kommen. Wo denn sonst, wenn nicht in der überbetrieblichen Bildungsarbeit? Aber Lernen mit den journalistischen Mitteln von Recherche und Interview ist auch »lebensformbezogenes« Lernen, das nicht ohne die Nähe zum Leben, Wohnen oder Arbeiten der Menschen auskommt.

Der Lernort Haus Busch, nahe der Städteschienen Ruhr und Rhein, bietet dafür ausgezeichnete Voraussetzungen. Schon 1975 ging Haus Busch daran, mit einem fünftägigen Pilotprojekt unter dem programmatischen Titel »Journalistische Initiativen zur Weiterbildung in der Region« das Städte-Umfeld für journalistisches Lernen zu erkunden. Seitdem ist ein enges Netz der Zusammenarbeit mit Institutionen und Verbänden, mit Bürgern und mit Bürgergruppen geknüpft worden. Umgekehrt haben politische Stiftungen, Gewerkschaften, Sportvereine, Theaterleute, die Hagener Fernuniversität oder Bürgerinitiativen Haus Busch als »ihr« Seminarzentrum entdeckt.[6]

Werden mit den mehrwöchigen Ausbildungskursen die gestellten Lernziele erreicht? Vermitteln wir mehr Wissen über Aufgaben des Berufs, mehr handwerkliche Kenntnisse, größere Entscheidungssicherheit, mehr Orientierung? Die Ergebnisse der Befragungen nach jedem Kurs zeigen immerhin eine recht hohe Zufriedenheit der Teilnehmer. Bei einer vorgegebenen Skalierung von 1 (sehr gut) bis 5 (schlecht) wird der Nutzen der Kurse für die berufliche Arbeit durchweg mit Noten zwischen 1,8 und 2,5 eingeschätzt.

Aufschlußreich war auch eine Nachbefragung Ende der siebziger Jahre der

Volontäre und Volontärinnen von drei Vierwochen-Kursen. Etwa drei Monate nach Rückkehr in die Redaktionsarbeit veranschlagten die Teilnehmer den Nutzen für den Beruf weiterhin sehr hoch. Auch die Themenvielfalt innerhalb der vier Wochen in Haus Busch wurde für unerläßlich gehalten. Hohe Zustimmung fand die Frage, ob weitere Kursangebote gewünscht würden.

Dieser Wunsch bestätigt sich immer wieder sehr real: Jeder fünfte Teilnehmer unserer Weiterbildungsveranstaltungen ist ein ehemaliger Teilnehmer eines Vierwochen- oder Aufbaukurses. Bemerkenswert ist auch, daß einige Male im Jahr die Teilnehmer von Volontärskursen sich bei Treffen in Haus Busch wiedersehen.

Bei der beruflichen *Weiterbildung* ist im Verhältnis der Lernorte Redaktion/Verlag zu der überbetrieblichen Bildungsstätte die tägliche Arbeit von Redakteuren – stärker als während der Ausbildung – eine Aufforderung zur Weiterbildung am Arbeitsplatz und dessen Umfeld. Der Hintergrund aktueller Ereignisse und Entwicklungen muß immer wieder mit den Mitteln der Recherche und des Interviews aufgedeckt und verständlich gemacht werden. Die Interview-Vorbereitung zu einem wenig bekannten Sachverhalt – auch wenn sie natürlich nicht so gründlich wie etwa beim »Spiegel« sein kann – bedeutet beispielsweise für einen Lokalredakteur, daß er jeweils »dazulernen« muß.

Wir können mit unseren Weiterbildungsangeboten in Haus Busch den Journalisten dieses situationsgebundene Lernen nicht im vorweg ersparen. Dazu sind die Verhältnisse je nach Produktion zu unterschiedlich. Wir stellen uns vielmehr darauf ein, über den Einzelfall und lokale Eigenheiten hinaus, bewährte Wege des Wissenserwerbs, zum Beispiel durch Recherche und Interviews, aufzuzeigen. Aktuelle Sachthemen dienen dabei als eine Art Vehikel der Vermittlung. Breiter Raum wird in Arbeitsgruppen oder in Plenumsdiskussionen dem Erfahrungsaustausch der Teilnehmer eingeräumt.

Im Unterschied zum Ausbildungssektor zielen Weiterbildungswünsche intensiver auf Spezialisierung im engeren Arbeitsbereich, auf Anpassung an technische Entwicklungen und auf Verbesserung der Berufs- und Einkommenssituation.

Unter den 15 bis 20 drei- bis fünftägigen Weiterbildungsseminaren, die wir im Jahr anbieten, stehen zahlenmäßig die Veranstaltungen an erster Stelle, die Fragen und Berufsprobleme eines Ressorts oder Berichterstattungssektors zum Thema haben: Wirtschaft, Kultur, Wissenschaft, Sport, Bildjournalismus, Gerichtsberichterstattung und in diesem Spektrum wiederum an erster Stelle das Lokale mit einem vielseitigen Themenangebot.

Der Schwerpunkt lokaler Themen in der Weiterbildung hat sicher seine Berechtigung, wenn man davon ausgeht, daß mehr als zwei Drittel der bei Tageszeitungen angestellten Journalisten im Lokalen und für das Lokale arbei-

ten. Die Weiterbildungsplanung beim *Deutschen Institut für publizistische Bildungsarbeit* für die kommenden Jahre läßt sich allgemein unter folgenden Gesichtspunkten zusammenfassen:
- die Vielfalt traditioneller Tätigkeitsfelder und Grundtätigkeiten des Journalismus weiter ausreichend im Bildungsangebot abdecken;
- neue Themenschwerpunkte setzen;
- künftige Entwicklungen rechtzeitig in das Angebot aufnehmen.

Ein neuer wichtiger Themenschwerpunkt ist z. B. der Bereich Wirtschaftsberichterstattung, vor allem im lokalen Journalismus. Eines der ersten Seminare in dieser Reihe hat den Titel »Braucht das Lokale einen eigenen Wirtschaftsteil?«. Bei diesem Thema sollen die engen Verflechtungen von Wirtschaftsfragen mit dem Leben und Arbeiten der Menschen in Städten und Gemeinden untersucht und Formen einer bürgernahen Berichterstattung vorgestellt werden. In einem weiteren Seminar »Wirtschaftspolitisches Handeln in der Gemeinde« geht es vorwiegend darum, für die redaktionelle Arbeit das Wissen aufzuarbeiten, das zum Verstehen und Darstellen wirtschaftspolitischer Entscheidungsprozesse notwendig ist.

Ein anderer Programmschwerpunkt entwickelt sich aus der wachsenden Nachfrage der Fachpresse nach überbetrieblicher Weiterbildung. So wurden bereits im Jahr 1986 vier Seminare für diese Gruppe angeboten: Probleme der Handwerkspresse, Fragen des Layouts, das Interview in der Fachpresse und ein Workshop »Verständliche Wissenschaft«. In Zusammenarbeit mit der Fachgruppe Fachzeitschriften ist ein weiterer Ausbau des Angebots für diese Zielgruppe geplant.

Einen festen Platz im Programm von Haus Busch haben die vom Hagener Institut mitentwickelten einwöchigen Seminare für Medienarchivare und -dokumentare. Die Ergebnisse dieser Kooperation fließen wieder in das Programm anderer Weiterbildungsveranstaltungen zurück, z. B. Recherche über Datenbanken oder Fragen der Archivierung.

Neue Entwicklungen innerhalb der Medien werden kontinuierlich in Spezialseminaren präsentiert und zur Diskussion gestellt. So informiert etwa neben einem Einführungsseminar Presserecht regelmäßig eine weitere Veranstaltung vorwiegend über Neuerungen im Medienrecht. Über den Entwicklungsstand in der modernen Zeitungstechnik bietet einmal im Jahr ein Fachseminar für Journalisten aus allen Ressorts die Möglichkeit zu einem breiten Erfahrungsaustausch.

Die Perspektiven, die sich für den lokalen Rundfunk aus den neuen Mediengesetzen ergeben, soll eine Seminarreihe behandeln, die ab 1987 angeboten werden kann. Zugleich sollen die technischen Voraussetzungen für eine praxisnahe überbetriebliche Ausbildung von künftigen Mitarbeitern des Lokalfunks am Lernort Haus Busch, Hagen, geschaffen werden.

Die Frage nach der künftigen Bedeutung eines überbetrieblichen Lernorts wie Haus Busch kann sicherlich nicht losgelöst betrachtet werden von der wachsenden Zahl der Ausbildungsinitiativen an Hochschulen. Am Beispiel des benachbarten Studiengangs Journalistik in Dortmund und den praxisbezogenen Angeboten der Publizistikwissenschaft in Bochum und Münster läßt sich im Verhältnis zur Hagener Bildungsarbeit feststellen, daß unterschiedliche Aufgabenstellungen zugunsten einer allgemeinen Verbesserung der Journalistenausbildung durchaus ihre Berechtigung und ihren Platz nebeneinander haben. Z. B. für die zunehmende Zahl von Volontären, die ihre Studien in anderen Fächern als Journalistik und Publizistik abgeschlossen haben, ist Haus Busch als Schnittpunkt von Theorie und Praxis offensichtlich der geeignetere Lernort, um die berufliche Praxis für das eigene journalistische Handeln kennenzulernen und einzuschätzen.

Eine verstärkte Hinwendung zur betrieblichen Aus- und Weiterbildung ist seit einiger Zeit bei vielen großen und mittleren Verlagen festzustellen. Der Zusammenhang mit einer Medienentwicklung, die sich vorwiegend an Märkten orientiert und medientechnischem Spezialistentum den Vorrang vor gesellschaftskritischem Journalismus gibt, ist nicht von der Hand zu weisen. Es wäre allerdings für die journalistischen Aufgabenstellungen in der Gesellschaft von Nachteil, wenn die Möglichkeiten überbetrieblichen Lernens dabei gleichzeitig eingeengt würden. Denn Wissensspezialisierung und Anwendung des Wissens allein dürften für journalistische Arbeit nicht genügen. Gelernt werden muß auch der selbständige Umgang mit dem Wissen, wie man mit der Informationsflut fertig wird und wie Gelerntes mit Nichtgelerntem verbunden werden kann.

ANMERKUNGEN

[1] Vertrag über Ausbildungsrichtlinien, in: Das Dilemma der Journalistenausbildung, Schriftenreihe 8 DJV, Bonn 1984, S. 14 ff.
[2] In: Das Dilemma der Journalistenausbildung, S. 14 ff.
[3] In: Wege zum Journalismus, BDZV-Schriftenreihe – Heft 17, 3. Auflage, Bonn 1986, S. 88 ff.
[4] Vgl. dazu Antonius Lipsmeier: Organisation und Lernorte der Berufsausbildung, München 1978, S. 165 ff.
[5] Deutscher Bildungsrat, Empfehlungen der Bildungskommission: Zur Neuordnung der Sekundarstufe II. Konzept für eine Verbindung von allgemeinem und beruflichem Lernen, Bonn 1974, S. 69 ff.
[6] Vgl. Werner von Hadel (Hrsg.): Nachdenken über journalistisches Handeln, Zehn Jahre Journalisten-Zentrum Haus Busch, Hagen 1984, S. 96 ff.

III. Printmedien-Akzentuierung

HEINZ D. STUCKMANN

Kölner Schule – Institut für Publizistik e.V.*

1. DIE INSTITUTION

Die »Kölner Schule – Institut für Publizistik e. V.«, ein gemeinnütziger Verein, wurde 1968 von einem kleinen Kreis von Journalisten, Wissenschaftlern und Studenten gegründet.

Neben diesen Gruppen gehören dem Verein heute auch Vertreter von Gewerkschaften, Berufsverbänden, Arbeitgeberverbänden und anderen gesellschaftlichen Institutionen an. Das Spektrum reicht von der Industriegewerkschaft Metall bis zum Institut der deutschen Wirtschaft. Die Spannbreite zeugt vom liberalen Geist des Instituts.

2. DAS AUSBILDUNGSMODELL »FACH-JOURNALIST«

Die »Kölner Schule« entwickelte 1967 als erste Institution in der Bundesrepublik Deutschland eine Konzeption, die eine Verbindung von journalistischer Ausbildung mit einem akademischen Studium vorsah. Ein Jahr später nahm die Schule die Ausbildung mit Testgruppen auf. Seit 1970 bildet sie als einzige in der Bundesrepublik Fach-Journalisten für die Ressorts Politik und Wirtschaft bei Presse und Hörfunk aus.

Das Konzept der »Kölner Schule« von 1967 bedeutete außerdem eine klare Absage an die damals allgemein akzeptierte Begabungstheorie, nach der Journalist nur der werden kann, dem es in die Wiege gelegt wurde. Zugleich aber war es auch eine Absage an den Typus des »Allround«-Journalisten, dieses Hans-Dampf-in-allen-Gassen, der von allem ein bißchen, von nichts aber wirklich etwas versteht. In der Kurzinformation der »Kölner Schule« von 1973 heißt es zur Intention: »Die Ausbildung von Journalisten [...] entspricht nicht mehr den Aufgaben, die eine Industriegesellschaft den Massenmedien stellt. Je komplizierter die [...] Gesellschaft wird, um so größer sind die Anforderungen an das kritische Verständnis des Journalisten. Eine nur oder vornehmlich an dem

* Vortrag an der Ruhr-Universität Bochum vom 6. Mai 1986.

Handwerk des ›Zeitungsmachens‹ orientierte Ausbildung versäumt es, den Journalisten auf eine wesentliche Aufgabe vorzubereiten: seine Gesellschaft zu verstehen. Allzu sehr sieht der Journalismus diese [...] Gesellschaft mit den Augen eines gebildeten Laien und verwechselt Epiphänomene mit Strukturbedingungen.

Wir versuchen, nicht nur journalistisches Handwerk zu lehren, sondern auch die gesellschaftlichen Bedingungen zu begreifen, in denen wir heute leben müssen [...] Das Training des Recherchierens und Schreibens wird um das Instrumentarium ergänzt, das Wissenschaft heute bietet und das – zum Beispiel – die empirische Sozialforschung für die Ermittlung von Fakten entwickelt. Auf diese Weise wird es wahrscheinlich möglich sein, einen neuen Stil des kritischen und an Tatsachenvermittlung orientierten Journalismus zu schaffen.

Von der Verbindung zwischen Universität und Journalismus versprechen wir uns ferner wesentliche Rückwirkungen auf die Fähigkeiten künftiger Journalisten, sich in einer komplizierten Gesellschaft in Massenmedien einer möglichst großen Zahl von Lesern, Hörern und Zuschauern verständlich zu machen. Durch bessere Information sollen politische Entscheidungen erleichtert werden.«

3. DIE AUSWAHL

Absage an die Begabungstheorie – das bedeutet nicht: Jeder kann Journalist werden, vorausgesetzt, er besucht eine gute Journalisten-Schule. Da müssen schon entwickelbare Fähigkeiten, spezifische Interessen und Motivationen erkennbar sein; für eine Ausbildung an der »Kölner Schule« heißt das vor allem: analytisches Denken, sprachliches Ausdrucksvermögen, Fähigkeit zur genauen Beobachtung sowie ein fundiertes Interesse an Politik und Wirtschaft.

Abiturzeugnisse geben nach den Erfahrungen der »Kölner Schule« nur selten verläßliche Aussagen über entsprechende Qualifikationen. Daher muß der Interessent, der an der »Kölner Schule« ausgebildet werden will, mehrere Hürden überwinden:
– einen schriftlichen Vor-Test,
– einen dreitägigen Qualifikationstest,
– ein achtwöchiges Betriebspraktikum (s. auch Seite 73 f.); ein dreitägiges Seminar dient der Vorbereitung auf dieses Praktikum.

Aus der Hauszeitung der »Kölner Schule«

NEUES

AUS DER "KÖLNER SCHULE"

Recherche-Ausbildung erheblich verbessert

DIHT beschaffte Fördermittel - Drei-Jahres-Projekt

In den vergangenen Semestern gelang es der 'Kölner Schule', ihre Recherche-Ausbildung für Fach-Journalisten in den Ressorts Wirtschaft und Politik ein erhebliches Stück weiterzuentwickeln.

Im Institut wurde zwar immer schon besonderer Wert auf eine sorgfältige Recherche gelegt, und seit der Gründung gab es Lehrpläne, die im 'Grundkurs Recherche' (1. und 2. Semester) die Überwachung der Recherche und exakte Recherchen-Ergebnisse ermöglichten. Aber das war und ist außerordentlich kostenträchtig.

Inzwischen wurde in dieser Ausbildungsstufe auch ein zweisemestriger Kurs in Gesprächsführung und Interview-Technik eingerichtet. Ein solcher Kurs wurde bisher nur in der Hörfunk-Ausbildung (3. Ausbildungs-Stufe), also ab dem 7. Semester, angeboten.

Um die Recherche professioneller zu gestalten, wird zur Zeit an der 'Kölner Schule' mit Hilfe elektronischer Datenverarbeitung ein Informanten-Pool gespeichert.

Nächstes Projekt: Noch in den Semester-Ferien des Frühjahrs wurde damit begonnen, den Aufgaben-Katalog für den 'Grundkurs Recherche' (1. und 2. Semester) zu standardisieren. Dadurch wird nicht nur das Lehrprogramm verbessert werden können; Standardisierung wird auch für die Lehrbeauftragten bessere Auswertungs-Möglichkeiten der Übungs-Produkte und zugleich Arbeitsersparnis mit sich bringen.

Traumziel... vielleicht... in zwei bis drei Jahren... vielleicht...: Ein Lehrbuch 'Praktische Übungen zur exakten Recherche'. Denn Theorie allein reicht nicht aus. Recherche muß in der Praxis erprobt werden - Tag für Tag.

NR.1 86

Eine KS-Zeitung machen

"Eine Zeitung müßte man machen" - das sagen sie immer wieder mal, die Studenten. Und der eine oder andere Jahrgang hat auch eine Zeitung zustande gebracht, einmal oder mehrmals, mehr oder weniger gut. Eines hatten sie alle gemeinsam, diese Zeitungen: verständlich waren sie nur für insider; schon mancher Dozent mußte nachfragen, worin denn eigentlich der Gag liege. Es waren halt Schüler-Zeitungen: Zeitungen von Schülern für Schüler.

Diese Zeitung nun ist keine Schüler-Zeitung. Aber sie besteht im wesentlichen aus Arbeiten von KS-Schülern und -Studenten, aus Nachdrucken journalistischer Texte, die in den Medien veröffentlicht wurden: in der 'WirtschaftsWoche' und in DIE ZEIT, im 'Handelsblatt' und in der 'Frankfurter Rundschau', im 'Vorwärts' und im 'Rheinischen Merkur'. Eine große Spannbreite, in der sich die pluralistische Zusammensetzung der Lernenden widerspiegelt.

Nicht repräsentiert sind die Produktionen für den Hörfunk, denn Hörfunk-Sendungen sind kein Lesestoff. Die Studenten und Studentinnen in der Hörfunk-Ausbildung (dritte Qualifikationsstufe) produzieren für Thema heute', und 'Quintessenz', für 'Landreport' und 'ZeitZeichen'.

Für das Sommer-Semester sind zwei bis drei längere Features geplant.

Die Studenten und Studentinnen produzieren nicht nur in den Lehr-Redaktion für die Medien. Sie arbeiten in den Praktikums-Phasen auch in den Medien selbst und in den Pressestellen von Unternehmen und Verbänden. Und auch hier dokumentieren sie ihre Leistungsfähigkeit, in der Lokalredaktion der 'Ludenscheider Nachrichten' wie im Ressort Wirtschaft der Wochenzeitung 'DIE ZEIT', in der Abteilung Öffentlichkeitsarbeit der Siemens AG wie in der Pressestelle der IG Metall. In vielen Fällen sind sie mehr als Praktikanten, ersetzen sie während der Urlaubszeit einen Jungredakteur.

Acht Seiten hat unsere erste Zeitung. Die nächste Nummer von 'Neues' folgt bestimmt - dann, wenn es genügend Neues zu berichten gibt. Auf sechs Seiten stellen wir die Leistungen unserer Studentinnen und Studenten vor. Zwei Seiten enthalten Informationen über die 'Kölner Schule', die vielleicht für unsere Freunde und Förderer interessant sind.

Denn ihnen ist diese Zeitung gewidmet - den Freunden und Förderern, denen wir viel verdanken.

Heinz D. Stuckmann

4. DIE VERZAHNUNG: STUDIUM UND JOURNALISTISCHE PRAXIS

Zur Ausbildung an der »Kölner Schule« gehört ein Fachstudium an der Wirtschafts- und Sozialwissenschaftlichen Fakultät der Universität Köln mit dem Studienabschluß als »Diplom-Volkswirt sozialwissenschaftlicher Richtung«.

Mit Beginn ihres Universitätsstudiums (nach dem dritten Ausbildungs-Semester) stehen die Studenten der »Kölner Schule« unter einer Doppelbelastung. Den meisten gelingt es, diese Doppelbelastung durch eine – im Vergleich zu anderen Studenten – bessere Arbeitsorganisation und eine frühere Studienorientierung auszugleichen. Zudem bietet die Schule im Grundstudium Tutorien an. Nach den bisherigen Erfahrungen benötigen die Studenten für ihr Studium nicht mehr Semester als ihre nicht-journalistischen Kommilitonen.

Vor allem im Grundstudium an der Universität unterliegen die »Kölner Schüler« praktischen Beschränkungen. Wegen der Arbeitsbelastung durch die journalistische Ausbildung müssen sie sich bei der Auswahl ihrer Universitäts-Lehrveranstaltungen auf die obligatorischen Leistungsnachweise konzentrieren und das freie Studium – das freilich auch an den Universitäten immer weniger zu realisieren ist – zurückstellen.

Im Hauptstudium ist die Verzahnung der beiden Ausbildungsbereiche meist enger. Einerseits erlauben die Themen von Übungen und Seminaren häufig eine journalistische Verwertung. Andererseits sind die Themen der journalistischen Arbeit bereits so komplex oder speziell, daß die Recherche auch eine wissenschaftliche Herangehensweise erfordert.

Die ursprüngliche Konzeption der Schule sah vor, daß journalistische Ausbildung und akademisches Studium relativ gleichgewichtig parallel laufen. 1975 wurde – basierend auf den Erfahrungen der Anfangsjahre – ein Qualifikations-Stufen-Plan eingeführt, der zeitlich unterschiedliche Schwerpunkte der beiden Ausbildungsbereiche vorsieht: So werden in universitätsintensiven Semestern die Anforderungen im journalistischen Bereich zurückgenommen. In einer weiteren Reform wurde 1983 die erste Qualifikations-Stufe von zwei auf drei Semester verlängert. Ein Abschluß der Ausbildung ist nach jeder Qualifikations-Stufe möglich*; Ziel ist jedoch, daß alle Studenten die vierte Qualifikations-Stufe erreichen.

---

* Qualifikations-Stufe I: Jungredakteur »Lokales« (drei Semester).
Qualifikations-Stufe II: Redakteur in den Ressorts Wirtschaft und Politik bei den Presse-Medien (vier Semester).
Qualifikations-Stufe III: Redakteur im Bereich »Aktuelles« des Hörfunks (drei Semester).
Qualifikations-Stufe IV: Fach-Journalist für Politik und Wirtschaft bei Presse und Hörfunk (zwei Semester).

5. POLITIK UND GESCHICHTE ALS ELEMENTE THEORETISCHER JOURNALISTEN-AUSBILDUNG

Kostproben aus Qualifikationstest-Arbeiten:
»Als der König von Preußen nun als vom Volk gewählter Kaiser ins Amt treten sollte, lehnte dieser ab. Somit kann man die Revolution als gescheitert erklären, weil keiner bereit war, das Amt des Kaiser zu übernehmen.«

»In der SBZ wurde die KPD gegründet und eine scharfe Entnazifizierung sorgte für Anhängerschaft. In der westlichen BZ dagegen wurde die CDU gegründet und ab 1946 ließen die USA Deutschland freien Lauf. Die endgültige Spaltung erfolgte nach dem Mauerbau. Doch lange vorher waren große ideologische Unterschiede zu verzeichnen: Adenauer setzte auf den Kapitalismus, während die SED ein Zentralorgan ausbildete.«

»Bismarck schlug den Erbfeind und einte damit das ganze Volk.«

Die Autoren solcher Weisheiten sind Abiturienten, die sich an der »Kölner Schule« zu Fach-Journalisten für Politik und Wirtschaft ausbilden lassen wollten. Die Zitate zeigen, daß es mit dem Interesse für Politik und Wirtschaft nicht allzu weit her sein kann. Zugleich beleuchten sie die Qualität des Unterrichts an manchen bundesdeutschen Oberschulen.

Das Ausbildungsangebot der »Kölner Schule« berücksichtigt deshalb auch, daß die historischen und politischen Kenntnisse vieler Schüler unzureichend und Wissenslücken zu schließen sind. Vor allem während der ersten dreisemestrigen Qualifikations-Stufe nimmt dieser Bereich breiten Raum ein. Zwei Schwerpunkte hat die Schule gesetzt: Die Studenten sollen die für das politische und wirtschaftliche Geschehen bedeutsamen Weltanschauungen und Ideologien begreifen: Das reicht vom Marxismus bis zur katholischen Theologie. Ferner sollen die Studenten einen Einblick in das Geflecht der organisierten Interessen gewinnen. Sie sollen das Parteiensystem kennen, die Gewerkschaften, die Arbeitgeberverbände, aber auch Verbraucherverbände und Bürgerinitiativen. Solche Kenntnisse sind nach Auffassung der »Kölner Schule« unerläßlich für die Analyse politischer Vorgänge. Sie geben aber auch praktische Hilfe für die Recherche; die Schule vermittelt Ansprechpartner zu den jeweiligen Themen. Politik und Geschichte sind hier Elemente der journalistischen Theorie.

Zum Kanon der Fächer gehören ferner unter anderem Kurse in Publizistik, in Recht und in Kommunalpolitik. Dabei wird eine größtmögliche Anlehnung an die Praxis angestrebt. So ergänzen sich das kommunalpolitische Seminar und das Praktikum in der Lokalredaktion, so greift der Arbeitskreis Recht vor allem presse- und urheberrechtliche Fragen auf.

Einmal wöchentlich sind Referenten aus Politik, Wirtschaft, Wissenschaft und Journalismus an der »Kölner Schule« zu Gast. Da geht es beispielsweise um

Ausländerpolitik, den Ost-West-Konflikt, das Nahost-Problem, die neuen Medien oder um die Volkswirtschaft der DDR. Da kommen Bundestagsabgeordnete, Ministerialbeamte, Verbandsvertreter und Wissenschaftler, es kommen Gewerkschaftler, Bürgermeister und Journalisten. Die Studenten lernen Inhaltliches hinzu und trainieren zugleich im Frage- und Diskussionsteil praktischen Journalismus.

6. JOURNALISTISCHE PRAXIS ALS GRUNDAUSBILDUNG

Bevor er seine Ausbildung an der »Kölner Schule« beginnt, absolviert der Student ein achtwöchiges Praktikum in der Landwirtschaft. In sechs Berichten und Reportagen soll er die ökonomische und soziale Wirklichkeit des Landlebens beschreiben. Für nicht wenige Studenten ist das der erste Schritt aus dem Schülermilieu und eine Gelegenheit zu ersten journalistischen Fingerübungen.

Journalistische Praxis an der »Kölner Schule«, das ist in den ersten beiden Semestern vor allem simulierter Lokal-Journalismus. Die Studenten besuchen Gerichtsverhandlungen, lassen sich die Aufgaben einer Industrie- und Handelskammer erklären, nehmen an Pressekonferenzen großer Industrie-Unternehmen teil. Sie beobachten das Schützenfest, recherchieren in der Einsatzleitstelle der Feuerwehr oder versuchen, die Atmosphäre eines Volkswandertages einzufangen. Bei genauer Terminvorgabe (meist muß das Produkt noch am gleichen Tag fertiggestellt werden) werden Nachrichten und Berichte, später auch kleinere Reportagen, verfaßt. Das Wesentliche in 15 Zeilen – neben analytischen Fähigkeiten braucht es dazu vor allem Übung. Bevor es freilich überhaupt zu inhaltlichen Diskussionen, etwa über die Informationsauswahl oder ihre Staffelung, kommen kann, müssen die Fakten stimmen. Faktengenauigkeit ist erstes Ausbildungsziel für angehende Journalisten an der »Kölner Schule«.

7. ZWISCHEN SEMINAR UND PRESSEBÜRO: DIE LEHRREDAKTION

Nach der journalistischen Grundausbildung der ersten drei Semester verwandelt sich der Schulbetrieb in eine Art Pressebüro. Es wird fast ausschließlich an Texten für Presse und Hörfunk gearbeitet, die meistens auch gedruckt oder gesendet werden.

In den ersten beiden Semestern werden Übungs-Themen aus dem lokalen Bereich bearbeitet, im dritten Semester idealerweise lokale Ereignisse von überregionaler Bedeutung. Im zweiten Qualifizierungsabschnitt – nach dem dritten

Semester – lernen die Studenten, selbständig relevante Themen zu finden und sie in Konzeption, Recherche und Darstellung in journalistische Produkte umzusetzen, die auf dem »freien Markt« (Tages- und Wochenzeitungen) zu verkaufen sind. Schon beim Themenvorschlag werden die Fragen des Mediums und der Zielgruppe und damit Variablen wie Stil, Darstellungsform und Manuskriptlänge berücksichtigt.

Manchmal werden termingebundene Auftragsproduktionen bearbeitet. Da stehen Schüler und Lehrer in dem Zwiespalt zwischen »Das könnte man noch besser machen« und »Das Ding muß fertig werden« – eine unvermeidliche Situation für den, der erstens praktisch arbeitet und zweitens dazulernen möchte.

Um als Lehrredaktion arbeiten zu können, sind jedoch in der Regel Themen mit Tagesaktualität weitgehend ausgeschlossen: Fundierte Hintergrund-Recherchen und mehrfache Überarbeitung sollen nicht durch Aktualitätszwang erschwert oder verhindert werden. Inhaltlich liegt der Schwerpunkt bei Themen der Ressorts Wirtschaft und Politik, die eine ausgiebige Literatur- und Vor-Ort-Recherche und Interviews verlangen. Unter den gewählten Darstellungsformen dominiert die Kombination von Allgemeinem (z. B. Hintergrund-Informationen, Geschichte, Statistik) und Besonderem (z. B. Zitate, Reportageelemente).

Neben der Arbeit in der institutsinternen Lehrredaktion gibt es Lehrveranstaltungen in Zusammenarbeit mit einzelnen Medien, geleitet von Redakteuren dieser Medien – ein weiteres berufsnahes Element der Ausbildung. Bei den Studenten sind diese Arbeitskreise wegen der guten Veröffentlichungs-Chancen beliebt.

8. DIE AUSBILDUNG AUF DEM PRÜFSTAND: DIE PRAKTIKA

Die praktische und theoretische Ausbildung an der »Kölner Schule« wird ergänzt durch achtwöchige Redaktionspraktika während der vorlesungsfreien Zeit. Schule und Student erhalten damit die Möglichkeit, den jeweiligen Ausbildungsstand an den Anforderungen der Praxis zu messen. Ferner sollen die Studenten in den Redaktions-Praktika journalistische Routine gewinnen. Journalistische Darstellungsformen und Recherche-Methoden, die an der Schule vermittelt und exemplarisch praktiziert wurden, können nun in journalistischer Alltagsarbeit geübt werden.

Die praktische Arbeit in Presseabteilungen und Redaktionen motiviert die Studenten. Der namentlich gekennzeichnete Beitrag in der Lokalzeitung oder in einem Verbandsorgan – darin liegt für den angehenden Journalisten viel Selbstbestätigung. Neben guten, teils sehr guten Praktikums-Zeugnissen und einer Mappe voll Belegexemplaren bringen die Studenten meist zahlreiche Erfolgserlebnisse mit aus dem Praktikum. Und mancher und manche bringen auch die ersten Belegexemplare für jene Mappe mit, die der Bewerbung für den ersten Arbeitsplatz beigefügt wird.

Andererseits weist das Praktikum den Studenten deutlich auf seine Schwächen hin. Zwangsläufig gerät er in Situationen, in denen das journalistische Handwerkszeug oder das fachliche Rüstzeug nicht ausreicht. Zu den ausbildenden Redakteuren in den Praktikums-Redaktionen unterhält die »Kölner Schule« einen engen Kontakt. Dadurch bekommt die Schule ein genaues Bild über die journalistischen Fähigkeiten und die Leistung eines Studenten.

Sechs Praktika sind Pflicht für Studenten der »Kölner Schule«, zwei in Pressestellen, zwei in der Lokalredaktion, eines im politischen oder Wirtschafts-Ressort einer Tages- oder Wochenzeitung, eines im Hörfunk. Während das erste Praktikum wegen des Ausbildungsstandes eher den Charakter einer Hospitanz hat, können die weiteren Praktika als freie Mitarbeit auf Zeit bezeichnet werden. Zum Teil übernehmen die Studenten sogar Urlaubsvertretungen.

Die Praktika werden in der Regel von der »Kölner Schule« vermittelt. Das Institut kann dabei auf einen festen Stamm bewährter Redaktionen zurückgreifen.

9. AUSBILDUNGSERGEBNISSE: DIE ABSOLVENTEN

Absolventen der »Kölner Schule« erhalten kein klingendes Zeugnis, sie erwerben keinen journalistischen Titel. Beides haben sie nicht nötig.

Auf den Arbeitsmarkt bringen sie statt dessen mit: ein abgeschlossenes wirtschaftswissenschaftliches Hochschulstudium (»Diplom-Volkswirt sozialwissenschaftlicher Richtung«), eine fünfjährige journalistische Ausbildung, sechs durch aussagekräftige Zeugnisse belegte Praktika sowie eine Mappe mit veröffentlichten Artikeln und Kassetten mit Hörfunk-Sendungen. Und damit haben die meisten ihren Arbeitsplatz – manchmal sogar noch vor Abschluß der Ausbildung.

Und deshalb sieht die Seite 1 der Absolventen-Liste der »Kölner Schule« folgendermaßen aus:

Behrends, Barbara	P	*Hörzu*	
		Fernseh-Redaktion	Redakteurin
Berg, Christian	FS	*Radio Bremen*	
		Redaktion »binnen und buten«	Redakteur

Böhmer, Reinhold	P	*Wirtschaftswoche*		
		Redaktion »specials«		Redakteur
Göpfert, Claus	P	*Frankfurter Neue Presse*		
		Lokal-Redaktion		Redakteur
Günther, Matthias	HF	*Norddeutscher Rundfunk*		
		Landesfunkhaus Niedersachsen		
		Redaktion Zeitfunk		Redakteur
von Haaren, Marion	HF	*Westdeutscher Rundfunk*		
		Hauptabteilung Wirtschaft		Redakteurin
Hawranek, Dietmar	P	*Der Spiegel*		
		Wirtschafts-Redaktion		Redakteur

10. ANSÄTZE ZUR WEITERENTWICKLUNG

Fach-Journalisten für Wirtschaft werden gesucht, vor allem wenn sie über Kenntnisse in Spezialgebieten (Geld, Versicherung, Computer) verfügen. Die Situation auf dem Arbeitsmarkt verlangt auch von der »Kölner Schule«, eine weitergehende Spezialisierung ihrer Studenten zu fördern. Schon im ersten Semester werden die Studenten angehalten, in den Kursen »Textsammlung« und »Textauswertung« das Geschehen zu einzelnen Themen (Außenwirtschaft, Energiewirtschaft etc.) zu verfolgen. Im dritten Semester sollen erste (druckreife und verkaufbare) Texte dazu entstehen. Die Zusammenarbeit mit einer Vielzahl von Redaktionen sowie die Praktika gewährleisten, daß die Studenten trotz Spezialisierung die im Journalismus notwendige thematische Offenheit nicht verlieren.

Klaus G. Saur

Intentionen der Aus- und Weiterbildung im Sektor Buchwesen*

Der Begriff »Buchhandel« subsumiert die verschiedenen Handelssparten. Das heißt den herstellenden Buchhandel = die Verlage, den Zwischenbuchhandel = die Grossisten und die Barsortimente und den Sortimentsbuchhandel, das heißt die normale Buchhandlung einschließlich Antiquariat.

Es gibt heute in der Bundesrepublik etwa 1800 Verlage, etwa 3500 Buchhandlungen, etwa 200 Antiquariate und etwa 50 Zwischenbuchhandlungen bzw. Grossisten.

Der Gesamtumsatz (Abgabe an Endverbraucher) des Buchhandels beläuft sich pro Jahr branchengeschätzt auf ca. 8 bis 9 Milliarden DM. Die Verlage setzen laut Umsatzsteuerstatistik (Zahl mit der gegebenen Problematik) ca. 6 Milliarden DM um. In allen Firmen zusammen werden etwa 70 bis 80 000 Personen beschäftigt, einschließlich der Inhaber, denn eines der Spezifika dieser Branche ist es, daß es ungewöhnlich viele Ein-Mann-Betriebe gibt und daß die Inhaber gleichzeitig in allen oder fast allen Funktionen ihrer Betriebe tätig sind.

Als klassische Ausbildung gilt nach wie vor die buchhändlerische Lehre. Je nach Schul- oder Studienabschluß beträgt sie zwei oder drei Jahre. Vor etwa 20 Jahren setzten sich die Buchhandels-Fachklassen aus rund 80% Schülern mit dem Abschluß mittlere Reife und knapp 20% mit dem Abschluß Abitur zusammen. Volksschulabschluß war vergleichsweise selten, ebenso bereits Studienabschlüsse. Heute ist die Situation so gegeben, daß rund 70 bis 80% der Auszubildenden Abitur haben. 10% haben ein abgeschlossenes Studium und die restlichen 10% haben ein nicht abgeschlossenes Studium, im Durchschnitt zwischen einem halben und bis zu zwölf Semestern. Nur noch vereinzelt sind Lehrlinge anzutreffen, die nur die mittlere Reife als Abschluß vorweisen können.

Dabei muß allerdings berücksichtigt werden, daß sicherlich mehr als die Hälfte aller Mitarbeiter in den Verlagen ohne irgendeine buchhändlerische Ausbildung ist. Das heißt, es werden Mitarbeiter nach Abschluß des Studiums übernommen oder auch hauptsächlich kaufmännische Mitarbeiter aus völlig anderen Berufen treten in Verlage ein.

* Vortrag an der Ruhr-Universität Bochum am 13. Mai 1986.

In Zusammenarbeit mit zahlreichen Universitäten, aber auch mit regionalen Arbeitsamts-Organisationen werden jetzt Fortbildungsmaßnahmen entwickelt, die Ausbildung und Volontariatsfunktion zusammenlegen sollen. Das Ziel ist es, arbeitslosen Geisteswissenschaftlern eine bessere Basis zu bieten, um in Verlagen tätig zu werden.

Als Vorsitzender des Verbandes Bayerischer Verlage und Buchhandlungen begrüße ich diese Aktionen sehr. Als Praktiker muß ich allerdings skeptisch anmerken, daß es unmöglich so viele Volontariatsplätze geben kann, wie dafür benötigt werden, und daß es darüber hinaus auf keinen Fall zu erwarten ist, daß so viele Stellen in Verlagen in Zukunft angeboten werden, um die zusätzlich ausgebildeten Fachkräfte wirklich zu beschäftigen.

Der Berufsstand der Buchhändler und Verleger wird repräsentiert durch den *Börsenverein des Deutschen Buchhandels.* »Börsenverein« hat dabei nichts mit »Börse« zu tun, sondern es ist ein historisch entstandener Name. Gegründet wurde dieser Verband 1825 im Haus der Alten Börse zu Leipzig. Das atypische dieses Berufsverbandes ist es, daß er alle Handelsstufen vertritt, das heißt den herstellenden, den verbreitenden und den Zwischenbuchhandel.

Das gibt es bei keiner anderen Branche, und auch im Ausland sind diese Organisationsformen jeweils getrennt. Für uns hat das den Vorteil, daß wir als Branche für das Buch schlechthin sprechen können, und sicherlich hängt es damit zusammen, daß der Buchhandel oder das Buch ein so hohes Ansehen hat.

Der Börsenverein des Deutschen Buchhandels bzw. der Börsenverein der deutschen Buchhändler zu Leipzig hatte schon in der Mitte des vergangenen Jahrhunderts in Leipzig die Deutsche Buchhändler-Lehranstalt gegründet. Nach dem Kriege wurde vom Börsenverein in Frankfurt die Deutsche Buchhändler-Schule in Köln zunächst wiederbegründet, die 1964 dann nach Frankfurt verlegt wurde.

Der Börsenverein unterhält dort einen eigenen großen Campus mit jeweils ca. 400 anwesenden Schülern. Es gibt hier primär zwei Ausbildungswege. Der eine ist ein sog. 2maliger 6-Wochen-Kurs, der in den meisten Berufsschulen als Ersatz-Berufsschule anerkannt wird. Der zweite entscheidende Bereich ist die sog. Fachschule, die Halbjahreskurse bietet und die dann ein Diplom verleihen kann, das zum Assistenten im Buchhandel führt. Der Versuch, dafür den Begriff »Diplombuchhändler« einführen zu dürfen, ist gescheitert, denn die Ausbildung reicht für diesen Diplombegriff nicht aus.

Innerhalb der Buchhändlerschule in Frankfurt werden weitere Kurse für Lektorenausbildung, Herstellungsausbildung, Vertriebsausbildung usw. durchgeführt.

Auf ganz besonderes Interesse ist der sog. »Hausfrauenkurs« gestoßen, das heißt ein Wiedereingliederungskurs für Frauen, die vor vielen Jahren schon im

Buchhandel tätig gewesen sind, inzwischen ihre Kinder großgezogen haben und nun in den Beruf zurückkehren wollen.

Einen der wesentlichen Aspekte der Tätigkeit im Verlagswesen stellen immer wieder die Kreativität und die Innovationsfähigkeit dar. Dies führt auch dazu, daß ungewöhnlich viele Mitarbeiter nicht aus der Branche kommen und trotzdem große Erfolge haben. Man kann auch davon ausgehen, daß etwa die Hälfte der leitenden Verleger keine spezifische Berufsausbildung hat.

Ich will das an einigen Beispielen erläutern:

Der Verleger Dr. Rudolf Oldenbourg, viele Jahre Chef des Hauses Oldenbourg, war von Hause aus Maschinenbau-Ingenieur gewesen. Er ging 1933 zu Siemens, wurde Entwicklungsingenieur und hat dort wesentliche Bereiche der Regelungstechnik auf- und ausgebaut. Er hat im Hause Siemens eine hervorragende Karriere gemacht und wäre sicherlich in den Vorstand der Gesellschaft aufgerückt, wenn er bei Siemens geblieben wäre. 1945 mußte er jedoch aus Familienräson in das Familienunternehmen eintreten, da er politisch völlig unbelastet war. Er hat diese Tätigkeit zunächst mit großem Widerwillen übernommen, aber er hat seine Erfahrungen, die er bei Siemens gemacht hat, auf die Verlagspraxis angewandt. Das heißt, er hat unter anderem das Fachgebiet Regelungs- und Meßtechnik ausgebaut und Oldenbourg auf diesem Sektor zum führenden Verlag in Europa gemacht.

Der Verleger Karl Baur-Callwey war gelernter Maurer und studierte nebenbei Bautechnik an der damaligen Technischen Hochschule in München. Sein ganzer Traum war, Verleger zu werden, und der einzige Weg, der sich ihm bot, war, die Tochter des Verlegers Callwey zu heiraten. Er entwickelte in diesem Verlag die Fachgebiete Kulturgeschichte und Kunst und baute ihn zu einem der führenden Architekturverlage aus. Der Schwiegersohn von Samuel Fischer, Dr. Gottfried Bermann-Fischer, war Mediziner. Er hielt um die Hand der Tochter an und bekam die Zusage vom Verleger Samuel Fischer nur unter der Bedingung, daß er in den Verlag eintreten würde. Seine große Leistung war, den Verlag durch die Kriegs- und Nachkriegsjahre geführt und gerettet zu haben.

Mit diesen wenigen Beispielen kann ich nur andeuten, welche breitgefächerten Möglichkeiten im Verlagsbereich gegeben sind.

Wenn wir über die Möglichkeiten der Berufstätigkeiten im Verlag sprechen, müssen wir uns immer wieder deutlich vor Augen halten, wie klein diese Betriebe im Durchschnitt sind. Von den 1800 Verlagen in der BRD haben 1500 Verlage weniger als 10 Mitarbeiter. Das bedeutet in der Praxis, daß in vielen Fällen ein und dieselbe Person mehrere Funktionen oder auch alle Funktionen ausüben muß.

Die erste Stufe der Tätigkeit im Verlag beginnt immer mit dem Lektorat bzw. der Redaktion. Im Lektoratsbereich ist der größte Anteil an Akademikern

Beispiel buchpublizistischer Ausbildung

Schulen des Deutschen Buchhandels
Wilhelmshöher Str. 283
6000 Frankfurt 60
Telefon: 069/472031

13. Lektoren-Seminar in Kirchheim (bei Bad Hersfeld)
Seepark Kirchheim, Telefon: 06628/8001
vom 23. bis 27. November 1987

	vormittags	**nachmittags**	**abends**
Montag, 23.11.		Anreise bis **spätestens** 16.30 Uhr 17.15 Uhr Herbert Degenhardt: Begrüßung, Einführung in das Programm, Vorstellung der Seminarteilnehmer – »Das Berufsbild des Lektors«	20.00 Uhr Herbert Degenhardt: »Die Verlagslandschaft in der Bundesrepublik Deutschland«
Dienstag, 24.11.	RA Franz-Wilhelm Peter: »Urheber- und Verlagsrecht« »Verlagsvertrag«	RA Franz-Wilhelm Peter: »Urheber- und Verlagsrecht« »Verlagsvertrag« (Fortsetzung)	
Mittwoch, 25.11.	Hartmut Zierau: »Buchherstellung«	Hartmut Zierau: »Buchherstellung« (Fortsetzung) Felicitas Feilhauer: »Verkauf, Vertrieb, Vertreterkonferenz«	Walter Banger: »Der Verlagsvertreter«
Donnerstag, 26.11.	Karl-Michael Mehnert: »Buchkalkulation«	Karl-Michael Mehnert: »Buchkalkulation« (Fortsetzung)	Helmut Benze: »Presse, Werbung«
Freitag, 27.11.	Helmut Benze: »Presse, Werbung« (Fortsetzung) 12.00 Uhr Mittagessen, anschließend Abreise		
Vorbereitung:	Hans-Helmut Röhring: »Wie ein Buch entsteht. Eine Einführung in den modernen Buchverlag«. Wiss. Buchgesellschaft Darmstadt, 1983.		

anzutreffen, wobei die Lektorate in den meisten Verlagen ebenfalls sehr viel kleiner sind, als man sich das normalerweise vorstellt. Selbst große belletristische Verlage wie Droemer-Knaur, Hanser oder Piper haben nur drei bis fünf Mitarbeiter im Lektorat. Die Aufgabe der Lektoren ist es, nicht nur eingereichte Manuskripte zu redigieren, sondern Themen aufzuspüren, Vorschläge an Autoren zu machen, Titelformulierungen zu finden, Registerarbeiten zu erstellen und den Autor in vielerlei Beziehungen zu beraten.

Wenn vom Lektorat ein Manuskript dann verabschiedet ist, wandert es in die Herstellung. Die Herstellungsabteilung hat nun die Aufgabe, das Manuskript satzfertig zu machen und an die Setzerei zu geben. Sie muß den gesamten technischen Herstellungsablauf überwachen und ist für die Kalkulation, die dann zur Bildung des Ladenpreises führt, verantwortlich. Die Herstellungsabteilung gibt normalerweise rund 50% der gesamten Mittel eines Verlages aus.

Die nächste Stufe ist dann die Werbe- und Vertriebsabteilung. Hier muß dafür gesorgt werden, daß der potentielle Abnehmer möglichst umfassend und möglichst frühzeitig informiert wird.

Die weiteren Abteilungen des Verlages sind rein technischer Natur wie Auslieferung und Buchhaltung, wie sie auch in anderen Betrieben anzutreffen sind.

Im Buchhandel ist die Beschreibung der Mitarbeiterfunktionen noch etwas einfacher. Im normalen Sortiment kommt es insbesondere auf eine gute Titelkenntnis an und darauf, die Kunden entsprechend beraten zu können.

Bei den Fachbuchsortimenten spielt die exakte Information über den jeweiligen Teilgebietsmarkt die entscheidende Rolle. Auch wenn sich in den letzten Jahren insbesondere beim Taschenbuchvertrieb immer mehr Selbstbedienung breitgemacht hat, spielt die Beratung nach wie vor eine ganz große Rolle und macht die Qualität einer Buchhandlung aus.

In der Praxis kommt es auch durchaus häufig vor, daß Mitarbeiter von Buchhandlungen in Verlage überwechseln, primär wohl deshalb, weil dort etwas mehr bezahlt wird. Der Wechsel vom Verlag ins Sortiment ist deshalb nicht so häufig anzutreffen. Die Möglichkeit, sich mit einer Buchhandlung selbständig zu machen, das heißt eine Buchhandlung neu zu gründen oder eine Buchhandlung zu übernehmen, ist allerdings sehr viel eher realisierbar, als einen neuen Verlag zu gründen oder zu kaufen.

Der Investitionsbedarf im Verlag liegt erheblich höher, und es ist nur außerordentlich schwer möglich, auf diesem Gebiet als Newcomer erfolgreich zu werden. Die Zahl der Verlage, die erst nach 1950 gegründet wurden und heute eine wesentliche Rolle auf ihrem Gebiet spielen, kann man an einer oder an zwei Händen abzählen. Die meisten wissenschaftlichen Verlage sind älter als 100 Jahre und behaupten noch immer ihre Vorrangstellung auf den einzelnen Gebieten.

Im Sortimentsbuchhandel ist dagegen der Wechsel sehr viel häufiger, und in der Statistik der Verbände wird deutlich, daß ungewöhnlich viele Neugründungen, insbesondere auf dem Buchhandelssektor in den letzten Jahren erfolgt sind.

IV. Kirchliche Publizistik

Helmut Völkel

cpa – Christliche Presse-Akademie*

Der Beruf des Journalisten ist ein freier Beruf; frei, offen ist demgemäß auch der Zugang zu diesem Beruf: So läßt sich doch stark verkürzt der entscheidende Satz aus dem »Berufsbild des Journalisten« des Deutschen Journalisten-Verbandes (DJV) von 1952 zu Fragen der Zugangsvoraussetzungen zum Beruf des Journalisten wiedergeben. Die Verfasser des Berufsbildes beschreiben damit sicher die vorgefundene Situation des Jahres 1952, ob diese Position aber von allen Journalisten für richtig gehalten wurde, ist zu bezweifeln. Inzwischen ist die Formulierung im »Berufsbild« jedenfalls längst überholt.

Aber ist statt dessen richtig, was die »Frankfurter Rundschau« 1983 in einer Schlagzeile, die eine Anspielung auf Egon Erwin Kisch enthielt, so ausdrückte: »Der ›rasende Reporter‹ kommt von der Universität?« Die Zeitung relativierte ihre Schlagzeile jedoch gleich selber und fügte hinzu, daß es neben der Hochschulausbildung noch genügend andere Möglichkeiten gebe, Journalist zu werden.

Die Zugangsmöglichkeiten zum Beruf des Journalisten sind heute vielfältiger denn je zuvor. Die Fragen lauten: Volontariat oder Journalistenschule; Studium oder nicht, wenn ja, welches? An mehreren Universitäten in der Bundesrepublik Deutschland gibt es – zum Teil noch in der Erprobungsphase – spezielle Ausbildungsgänge mit unterschiedlichen Zulassungsvoraussetzungen und unterschiedlichen Abschlüssen. Für welchen Weg soll sich der zukünftige Journalist entscheiden?

Ohne ein qualifiziertes Fachstudium, das scheinen jedenfalls die Erfahrungen der letzten Jahre zu bestätigen, sind heute schon die Einstiegschancen in ein Volontariat mehr als schlecht.

Das Berufsbild des Journalisten hat sich in der Vergangenheit erweitert und erweitert sich noch, die Tätigkeiten werden spezieller und damit anspruchsvoller, auch hinsichtlich der Qualifikation. Die Ausbildungswege werden damit ebenfalls vielfältiger, aber auch steiler.

Das Feld, auf dem Journalisten tätig sind, ist ebenfalls vielfältiger, größer geworden. Arbeitsplätze sind vor allem in der Wachstumsbranche der Public

* Vortrag an der Ruhr-Universität Bochum vom 3. Juni 1986.

Relations- und Pressestellen von Behörden, Unternehmen, Verbänden und Organisationen hinzugekommen. Ob auch die neuen Kommunikationsformen wie Kabel und Satellit zur Vergrößerung der Beschäftigungsmöglichkeiten für Journalisten beitragen werden, bleibt abzuwarten.

Veränderte Berufsfelder bedeuten auch andere Qualifikationen: Die Spezialisierung des Journalisten verlangt nicht nur, daß der Schwerpunkt der Tätigkeit in einem Ressort (z. B. Kommunales, Wirtschaft, Medizin usw.) liegt, sondern erfordert auch entsprechende Aus- und Fortbildung in eben diesem Fach.

Stichwort Ausbildung: Während man in der Bundesrepublik noch vor 30 Jahren eigentlich nur zwei Wege in den Journalismus kannte, den mit Volontariat und den ohne, läßt sich die heutige Situation am treffendsten wohl mit dem Begriff »Verschulung in den unterschiedlichsten Formen« beschreiben. Sicher werden auch zukünftig besonders begabte »Ungelernte« die Chance zu neben- oder hauptberuflicher journalistischer Tätigkeit haben, der Trend geht aber – wie bereits ausgeführt – in Richtung strengerer Ansprüche sowohl an die allgemeine Vorbildung als auch die berufliche Ausbildung des Journalisten.

Am sinnvollsten ist deshalb die Kombination der Journalistenausbildung mit einem Fachstudium, so jedenfalls lautet der Tenor bei den öffentlich-rechtlichen Rundfunkanstalten, so hörte man bis vor nicht allzu langer Zeit aus den größten Zeitungshäusern, so liest es sich inzwischen auch bei der Deutschen Journalisten-Union (dju) und dem Deutschen Journalisten-Verband (DJV). Das abgeschlossene Fachstudium bringt neben der spezifischen Qualifizierung dem angehenden Journalisten auch noch andere Vorteile. Das Studium vermittelt z. B. Grunderfahrungen wissenschaftlichen Vorgehens, also auch den vorsichtigen Umgang mit fremden Aussagen und Meinungen, Untersuchungen und Forschungen. Der Journalist mit abgeschlossenem Fachstudium wird sich der Relativität menschlicher Erkenntnis bewußt sein und in seinem Beruf mit sogenannten Fakten kritisch umgehen.

Und nicht zu vergessen: Das abgeschlossene Fachstudium gibt den Journalisten die heute nötige Mobilität auch über den Bereich des Journalismus hinaus. Allerdings wird eine Rückkehr in den erlernten akademischen Beruf, wie sie in der Vergangenheit möglich war und als zusätzlicher Vorteil des Fachstudiums gepriesen wurde, angesichts der Sparmaßnahmen an den Hochschulen in Zukunft die Ausnahme bleiben.

Gute Vorbildung und ein akademisches Studium allein führen natürlich nicht automatisch zu einem Arbeitsplatz in einer Redaktion. Der Bewerber wird seine journalistische Begabung unter Beweis stellen und journalistische Kenntnisse und Erfahrungen nachweisen müssen. Solche Kenntnisse lassen sich in eigener Regie, vor allem aber in berufsbezogenen Ausbildungsstätten vor, während und nach dem Studium gewinnen.

Der letzte Satz führt mitten hinein in die Problematik der so verschiedenen Ausbildungsgänge Studium–Journalistenausbildung. Ein Studium der Publizistik z. B. wird in der Praxis in der Regel nicht als berufsqualifizierend angesehen. Sichtbarer Ausdruck dieser Haltung ist wohl auch die Gründung von Journalistenschulen durch Gruner + Jahr in Hamburg und den Axel Springer Verlag.

Ich darf Ihnen im folgenden ein Angebot journalistischer Aus- und Fortbildung vorstellen, das weder Universitätsstudium noch Volontariat ist, das Angebot der Christlichen Presse-Akademie (cpa) im Gemeinschaftswerk der Evangelischen Publizistik (GEP).

Aus- und Weiterbildung für publizistische Berufe unter dem Dach der Kirche, was soll das, was ist das eigentlich, für welchen Bedarf wird dort ausgebildet?

Die Evangelische Kirche versucht in ihrem publizistischen Gesamtplan von 1979 auf diese und andere Fragen zu antworten. Nicht erst mit der Welle der Kirchenaustritte spielt das Verhältnis Kirche und Öffentlichkeit eine wichtige Rolle. Selbstkritisch heißt es: »Ausbau und Professionalisierung der kirchlichen Öffentlichkeitsarbeit in den letzten Jahren haben nicht verhindern können, daß sich Zeugnis und Dienst der Kirche heute schwerer als früher im ›Zeitgespräch der Gesellschaft‹ vermitteln lassen. Dem Zuviel an Information steht ein Zuwenig an Kommunikation gegenüber. Hier liegen Anfragen nicht nur an die Organisation, sondern an das Selbstverständnis der Publizistik und Medienarbeit in der Evangelischen Kirche. Öffentlichkeit gehört zum Wesen der Kirche; sie ist eine eigene Dimension kirchlichen Handelns. Evangelische Publizistik dient dieser Öffentlichkeit.« (Aus: Publizistischer Gesamtplan der Evangelischen Kirche in Deutschland, Gütersloh 1979, S. 24)

Dabei ist es ganz wichtig festzuhalten, daß die evangelische Publizistik sowohl zwischen den Gliedern der Kirche als auch zwischen Kirche und Gesellschaft vermittelt. »Kirche ist öffentlich. Entsprechend ihrem Auftrag und ihrem Anspruch wirkt sie in die Welt, in der Welt und für die Welt. Die Kirche übernimmt auf diese Weise Verantwortung in der Öffentlichkeit. Sie begibt sich damit auf ein dichtbesetztes Feld, auf dem vieles strittig ist. Da sie sich mit dem Evangelium einmischt und urteilt, muß sie für ihr Reden und Handeln, ihr Schweigen und Unterlassen öffentlich Rechenschaft geben. Sie findet öffentliches Interesse, erregt aber auch Anstoß. Sie wird kritisiert und weckt zugleich Hoffnungen und Erwartungen.« (Publizistischer Gesamtplan, S. 25)

Ob und wie die Kirche diesen Erwartungen gerecht werden, diesen Auftrag erfüllen kann, hängt vor allem davon ab, wie weit in einer Gesellschaft Öffentlichkeit existiert. Für die Kirche bedeutet dies auch, immer wieder sich vor Augen zu führen, auf welche Art und Weise sie an vorhandener Öffentlichkeit teilnimmt, wie sie an der Herstellung von Öffentlichkeit mitwirkt und wie sie selber neue Formen von Öffentlichkeit ausbildet.

»Evangelische Publizistik beteiligt sich prinzipiell an allen Vermittlungsmöglichkeiten der allgemeinen Publizistik und verwendet deren Formen. Dies ergibt sich zwingend aus der Verhältnisbestimmung von Kirche und Öffentlichkeit. Der ›unteilbare Empfänger‹ erfordert eine Publizistik, die in Konkurrenz zu anderen Veranstaltern in einer Hinsicht vergleichbar bleibt: in ihrer Professionalität. Um der Sache und ihres Adressaten willen muß sich die evangelische Publizistik auch um handwerkliche Qualitäten bemühen. Damit ist nicht die eilfertige Imitation professionellen Standards gemeint. Vielmehr bedeutet das Kriterium der Professionalität zugleich auch dessen Kritik. Kriterium dieser Kritik bleibt die Entsprechung von Form und Inhalt.« (Publizistischer Gesamtplan, S. 31)

Aus diesem Abschnitt des Publizistischen Gesamtplans läßt sich ein Teil der Begründung für die Existenz und die Aufgabenstellung der Christlichen Presse-Akademie ablesen. Die Ausbildung von Journalisten unter dem Dach der Kirche wird im Publizistischen Gesamtplan sowohl für die evangelische als auch für die säkulare Publizistik als dringend notwendig erkannt. Und Weiterbildung?

Sicher erfordert der technische Anpassungsbedarf Weiterbildung. Aber es gibt auch andere Zielsetzungen der Weiterbildung publizistischer Berufe. Im Medienbericht 1984 des Gemeinschaftswerks der Evangelischen Publizistik (GEP), dem zentralen publizistischen Werk und Verlag der Evangelischen Kirche in Deutschland (EKD), dessen Fachbereich 2 die Christliche Presse-Akademie (cpa) ist, heißt es: »Kirche nimmt an vorhandener Öffentlichkeit teil.« Und weiter: »Kirche wirkt an der Herstellung von Öffentlichkeit mit und erfüllt mit ihrer Publizistik eine komplementäre Funktion. Ihre Publizistik will Defiziten im öffentlichen Informationsbereich entgegenwirken. Sie ist beteiligt an der Ausbildung neuer Formen von Öffentlichkeit, indem sie öffentlich Benachteiligten Raum schafft zur Darstellung ihrer Anliegen in der Öffentlichkeit.«

In dieser Aussage stecken die beiden spezifischen Begriffe christlicher Ethik, die auch die Leitlinien der Arbeit der cpa vor allem – aber nicht nur – in der Weiterbildung darstellen: Komplementarität und anwaltschaftliches Handeln. Das ausbildungsbegleitende wie das berufsbegleitende Curriculum der cpa lassen diese Zielsetzung ganz deutlich erkennen.

Bevor wir näher auf das Curriculum eingehen, soll zunächst erst einmal die Christliche Presse-Akademie vorgestellt werden. Die Anfänge der cpa reichen in die Zeit kurz nach dem 2. Weltkrieg zurück. 1950 fanden die ersten Lehrgänge statt, alles aber noch in sehr bescheidenem Umfang. Auch als die Evangelische Kirche Ende der 70er Jahre ihr publizistisches Engagement sortierte und bilanzierte, war die cpa noch ein kleines, ambulantes Unternehmen mit lediglich großer, immerhin schon dreißigjähriger Tradition: Ein praktisch-journalistischer Orientierungskurs jährlich, wenige Fortbildungstagungen – nicht Journalistenschule, nicht Fortbildungsinstitut, sondern komplementär zu beiden, so der Anspruch. Aber in der Kirche wird in dieser Zeit die Bedeutung der Personenfrage erkannt. Die Kompetenz evangelischer Publizistik entscheide sich an der Kompetenz ihrer Journalisten, so heißt es im »Publizistischen Gesamtplan« der EKD 1979.

1986 hat die cpa mit etwa 4000 Teilnehmertagen das Programm einer mittleren Akademie. Aus- und Fortbildung für die kirchliche und säkulare Publizistik und zusätzlich – allerdings nur für den kirchlichen Bedarf – Personalplanung/Personalfindung lautet die Aufgabenstellung der cpa.

Mehr als 1000 Teilnehmer sind inzwischen durch die cpa-Lehrgänge gegangen. Die meisten sind der cpa bis heute verbunden, sei es, daß sie als Mitglied im Leitungsgremium, dem Hauptausschuß, Verantwortung für die cpa mittragen; sei es als Mitglied des Freundeskreises zur Förderung der cpa-Arbeit; sei es als Mentoren jüngerer Absolventen der cpa-Lehrgänge bis hin zur Vermittlung in feste berufliche Positionen.

Auch 1986 ist die cpa immer noch ein ambulantes Unternehmen. Die praktisch-journalistischen Grundkurse für Print-, Radio- und Fernsehjournalismus (ausbildungsbegleitendes Curriculum) und die Aufbaukurse für junge Journalisten (berufsbegleitendes Curriculum) finden statt in Rummelsberg, Berlin, Hamburg, Düsseldorf, Kassel und Tutzing. Doch gesprochen wird inzwischen auch von einer Medienakademie – ob sie je gegründet wird, ist 1986 noch nicht auszumachen.

Wie sehen nun die Kurse des ausbildungsbegleitenden Curriculums aus?

Der *Grundlehrgang* »Printmedien« will unter Laborbedingungen einführen in die Grundformen des Printjournalismus. Er liefert Berufsanfängern, Studenten, aber auch freien Mitarbeitern ein Stück Grundqualifizierung genauso wie den nebenberuflich schreibenden Theologen oder Juristen das nötige Handwerkszeug. Volontäre erhalten ihn als überbetriebliche Ausbildungsphase anerkannt.

Aufbauend auf den Grundlehrgang liefern die beiden *Grundkurse* »Radio- und Fernsehjournalismus« das Rüstzeug für die Arbeit in den elektronischen Massenmedien. Von der Handhabung der Technik über das Schreiben eines sendefähigen Manuskripts bis zur Produktion der Sendung erlernen die Teilnehmer alle Schritte einer Hörfunk- oder Fernsehproduktion.

Am Ende dieser Intensivkurse (der Grundlehrgang dauert drei, die Grundkurse zwei Wochen) recherchieren, schreiben und umbrechen die Teilnehmer in drei Redaktionen eine Zeitung, die im Fotosatzverfahren gesetzt wird; produzieren ein politisches, ein Kultur- und Familienmagazin für den Hörfunk von 45 Minuten Länge; erstellen gemeinsam unter simulierten Live-Bedingungen ein regionales Fernsehmagazin – von der Kamera über die Regie, das Mischpult, Moderation bis hin zu den Einspielfilmen.

Beispiel eines Jahresprogramms der cpa (Frankfurt)

Jahresprogramm 1985/86

1. 26. September bis 11. Oktober 1985
3. TV-Kurs —
Vom Umgang mit dem Fernsehen
Ein Angebot für Absolventen der cpa-Grundlehrgänge, für freie und kirchliche Mitarbeiter, in Zusammenarbeit mit dem Film-Funk-Fernsehzentrum (fffz), Düsseldorf

2. 27. September 1985
***3. Koordinierungskonferenz**
Publizistische Aus- und Fortbildung
für den Raum der Evangelischen Kirche in Deutschland (EKD), Frankfurt am Main

3. 11. Oktober 1985
Publizistentreffen im Frankfurter Presse Club
am Freitag der Buchmesse — für alle cpa'ler, Referenten, Dozenten und Freunde der Christlichen Presse-Akademie, für die Mitglieder des Hauptausschusses und des Freundeskreises der cpa e.V., Frankfurt am Main

4. 16. bis 18. Oktober 1985
***2. Frankfurter Interviewtraining**
Praktisches Seminar zum Thema Öffentlichkeitsarbeit und Kommunikation, Frankfurt am Main

(* geschlossene Veranstaltung)

5. 21. bis 26. Oktober 1985
Medienbörse Film 1985
Filmmarkt und Informationsschau für Filmverleiher, Regisseure, Filmproduzenten und Medienpädagogen. Eine Veranstaltung des Fachbereichs Film, Bild, Ton im GEP und der Zentralstelle Medien der Deutschen Bischofskonferenz, Wiesbaden-Naurod

6. 29. Oktober bis 1. November 1985
***Agentur-Journalismus**
2. Fortbildungstagung der cpa für Redakteure des Evangelischen Pressedienstes (epd), in Zusammenarbeit mit der Akademie für Publizistik, Hamburg

7. 11. bis 13. November 1985
Grenzüberschreitender Informationsfluß und internationale Politik
Information, Daten, Know-how — Folgen für Europa und die Dritte Welt. Internationales Symposium der cpa, der Evangelischen Akademie Arnoldshain, dem Institut für Politikwissenschaft in Marburg und Dienste in Übersee, in Zusammenarbeit mit der World Association for Christian Communication (WACC), der Friedrich-Ebert-Stiftung und dem Gustav-Heinemann-Institut, Bonn

8. 21. bis 23. November 1985
***6. (außerordentliche) Medienklausur für exponierte Vertreter der Kirche**
Ein Interviewtraining zum Thema Medienentwicklung, Frankfurt am Main

(* geschlossene Veranstaltung)

9. 29. November bis 7. Dezember 1985
1. Aufbaukurs Hörfunk
Ein Angebot für Absolventen der cpa-Grundlehrgänge, für junge Hörfunkjournalisten und Autoren, Berlin

10. 4. Dezember 1985
Gerhard Besier:
***„Die Kirchen im Dritten Reich"**
Eine Veranstaltung des Fachbereichs Buch im GEP anläßlich der Verabschiedung seines Hauptausschulvorsitzenden, Fritz Bissinger, Schloß Blutenburg, München

11. 13. bis 14. Dezember 1985
6. Mitarbeitertagung
Eine Ideenwerkstatt für Teamer, Referenten und Planer der cpa, Frankfurt am Main

12. 10. bis 27. Februar 1986
Orientierungskurs praktischer Journalismus
34. Grundlehrgang der cpa für Studenten, journalistisch interessierte Mitarbeiter und Volontäre, Rummelsberg bei Nürnberg

13. 17. bis 23. März 1986
2. Aufbaukurs Medien Reportage und Feature (I)
Ein Angebot für Absolventen der cpa-Grundlehrgänge, junge Journalisten und Autoren. Daran anschließend folgt eine individuelle **Produktionsphase (Teil II)** mit praxisbegleitender Beratung, Frankfurt am Main

(* geschlossene Veranstaltung)

Der Grundlehrgang findet alljährlich im Februar/März statt, die Grundkurse »Radio- und Fernsehjournalismus« alle zwei Jahre im Wechsel. Für den Grundlehrgang werden 40 Teilnehmer zugelassen, an den Grundkursen können 20 Bewerber teilnehmen.

Die in den cpa-Kursen gesammelten Erfahrungen und Kenntnisse (und natürlich die produzierten Kassetten) sind nicht selten von großem Nutzen bei Praktikums- oder Volontariatsgesuchen, bei Aufnahmeprüfungen an Journalistenschulen oder Aufbaustudiengängen Journalismus.

Der Gebrauchswert der Kurse läßt Rückschlüsse auf die Motivation der Bewerber zu. Es kommt vor, daß Kandidaten sich bis zu viermal für die Teilnahme an den Kursen bewerben. Allein für den Printmedienkurs liegen pro Jahr die Meldungen von rund 1000 Interessenten vor. Lustlose, nur mal so als Versuch gestartete Bewerbungen haben von vornherein keine Chance, leider müssen auch viele andere Interessenten abgewiesen werden.

Hohe Motivation und eigene Aktivität in den Kursen, also zwei allen Lerntheorien gemeinsame Faktoren, sind gegeben und stehen eigentlich schon für ein brauchbares Konzept. Aber die Mundpropaganda, die diese Kurse haben, die Faszination, die sie auf Interessenten für den Journalistenberuf ausüben, der Zusammenhalt, den sie seit nunmehr schon 36 Jahren stiften, lassen sich sicher nicht allein daraus ableiten. Auch nicht aus dem Ruf solider Professionalität, der den Kursen vorauseilt, oder den ihnen durchaus eigenen Inhalten: Der Sensibilisierung für Sprache (Theologen, die zugleich Journalisten sind, gelten hier nicht selten als die besten Lehrmeister!) und dem Traktieren journalistischer Ethik anhand aktuell-publizistischer Vorgänge.

Es ist wohl viel mehr! In einer frühen Phase beruflicher Sozialisation mit oft noch ungewissem Ausgang leben und arbeiten junge Menschen in den Kursen zusammen, gemeinsam mit erfahrenen Journalisten, die für sie nicht nur in ihrer fachlichen Kompetenz, sondern auch mit den Überzeugungen, aus denen heraus sie handeln, wahrnehmbar, erfaßbar werden. Drei Wochen leben und arbeiten Lehrende und Lernende unter einem Dach. Das gibt Atemraum, den nicht nur Presse- und Rundfunkfreiheit brauchen, sondern auch die, die ihnen dienen wollen.

In einem didaktischen Konzept lautet das eben Geschriebene so: Lernenergien einseitig auf eine instrumentelle Aneignung zu lenken, die weder zur sachlichen Erhaltung des zu Lernenden beiträgt noch zur Besinnung auf sich selbst und auf die Bedingungen des Lernfeldes, stünde quer zum Konzept der cpa. Soziale Kommunikation als Ziel der Medien, der Begriff von Kommunikationsgerechtigkeit also, haben für evangelische Publizistik und Weiterbildung inhaltliche Folgen. Mediale Vermittlung ist immer auch Interpretation (nicht: Manipulation) von Wirklichkeit. Sie hat sich auch daran zu messen, inwieweit sie die Einsicht in den, wie Hans-Wolfgang Heßler, Direktor des GEP und Fernsehbeauftragter des Rates der EKD, formulierte, »Kreuz-Charakter unserer Wirklichkeit« bewahrt, sensibel bleibt gegen Versuche der Verkürzung und Auslassung, gegen Einebnungen, die Geschehenes gefällig oder gar vollends ungeschehen machen wollen.

Als Fortsetzung der Grundkurse sieht das Curriculum der cpa die zum Teil schon erprobten, zum Teil sich noch in der Planung befindlichen Aufbaukurse als berufsbegleitende Angebote vor. Ein Grund für die Erweiterung des Programmangebots der cpa um diese Kurse findet sich in der vor allem durch technische Entwicklungen sich verändernden Medienlandschaft in der Bundesrepublik Deutschland. In den Aufbaukursen geht es aber vor allem auch um die Vermittlung von Kenntnissen über spezielle journalistische Formen, das Feature z. B. Geübt werden soll daneben der Umgang mit der Sprache, es sollen medienpolitische Fragestellungen und medienspezifische Arbeitsweisen aufgegriffen und schließlich eng gefaßte Themen zu intensiver Bearbeitung angeboten werden!

Der erste der drei Aufbaukurse konzentriert sich daher nicht zufällig auf die langen und schwierigen journalistischen Formen, auf Reportage und Feature und das gleich in drei Medien: in Zeitung, Hörfunk und Fernsehen. Das Konzept trägt der Zielgruppe Rechnung: jüngere Journalisten, die, zu einem nicht geringen Teil freie Mitarbeiter, ein Interesse haben, nicht nur den Sprung von der kurzen zur langen Form besser zu bewältigen, sondern auch das ökonomische Interesse, als Autoren verschiedener Medien ihre Themen bearbeiten und anbieten zu können.

Die Aufbaukurse gliedern sich in drei Abschnitte: Die Einführungsphase dauert eine Woche, die dann folgende individuelle Produktionszeit drei Monate, zum Schluß folgt die gemeinsame Auswertung der Produktionen an vier Tagen. Das Arrangement entspricht der Berufs- und Lebenssituation der Zielgruppe.

Die bisherigen Erfahrungen belegen, daß rund 70 Prozent der Teilnehmer an den Aufbaukursen schon einmal auf cpa-Kursen gewesen sind. Die Aufarbeitung nun vorliegender eigener Erfahrungen und Kenntnisse ist für das Ziel des Seminars wesentlich, ebenso wie es die Herstellung von Produktionen für den Inhalt des Seminars ist. Im ganzen also eine auf Berufs-Praxis bezogene Lernarbeit. Entgegen dem Trend zu verkümmerten Magazinformen (Wortbeiträge nicht länger als drei Minuten) widmet sich der Aufbaukurs »Hörfunk« den besonderen funkischen Möglichkeiten des Mediums. Eine große Rolle spielen Atmosphäre, O-Ton und Musik, Montage und Spielelemente. Entwickelt wurde dieser Kurs in Zusammenarbeit mit erfahrenen Hörfunkpraktikern, die längst Dozenten der cpa sind und – auch das ist wohl nicht die Normalität – beim Pilotlauf des Kurses als Teilnehmer dabei waren.

Der letzte der sechs konzipierten ausbildungs- und berufsbegleitenden Kurse ist der in einer Programmklausur im Herbst 1985 entwickelte Aufbaukurs »Fernsehen« für junge Fernsehautoren und Programm-Mitarbeiter. Die erste Bewährungsprobe erhält der neue Kurs im Dezember 1986 – nach Fertigstellung dieses Manuskripts. Auskünfte über Ergebnisse lassen sich also noch nicht geben, aber es ist durchaus möglich, daß hier die Quadratur des Kreises gewagt wird, das Herangehen an mögliche Fernsehformen für religiöse Themen im weitesten Sinne.

Bei dem bis hierher Vorgestellten handelt es sich nur um einen Ausschnitt der cpa-Arbeit, das sechs Kurse umfassende Curriculum für junge Journalisten. Dieses Curriculum ist kein closed shop – weder was den Einstieg noch was Studienrichtung oder Konfession anbelangt.

Überraschend erscheint dabei wohl nur, daß eine Institution, der in der Regel das Hemd näher sitzt als der Rock, sich den Luxus dieses offenen Angebots leistet. Denn Ziel – es sei nochmals betont – der Arbeit der cpa ist die Qualifizierung des journalistischen Nachwuchses für die kirchliche *und* säkulare Publizistik. Sicher sollen Nachwuchskräfte für die kirchliche Publizistik gewonnen werden. Es sollen aber auch Journalisten der säkularen Publizistik immer wieder mit Fragen konfrontiert und an Antworten herangeführt werden, die im Spannungsfeld von Kirche und Gesellschaft – publizistisch – relevant sind.

Es scheint, daß der traditionelle Satz evangelischer Publizistik, »legitime Interessenvertretung im Zweifel durch notwendige Stellvertretung zu unterstützen«, seine Gültigkeit trotz aller Irritationen auch im kirchlichen Medienbereich nicht gänzlich eingebüßt hat.

Anton Magnus Dorn

Institut zur Förderung publizistischen Nachwuchses e. V.*

»Das Institut zur Förderung publizistischen Nachwuchses e. V. wurde 1969 im Auftrag der Deutschen Bischofskonferenz gegründet. Seine Aufgabe ist es, Journalisten für alle Medienbereiche auszubilden. Die handwerkliche Ausbildung steht dabei im Vordergrund, doch sollen die künftigen Journalisten auch dazu befähigt werden, den Beitrag des Christentums in unserer Gesellschaft sachgerecht darzustellen. Deshalb erwartet das Institut von den Teilnehmern an seinen Ausbildungsveranstaltungen eine überzeugte christliche Grundhaltung, keine bloß äußere Zugehörigkeit zur katholischen Kirche. Es will Journalisten ausbilden, die sich auch in ihrem Beruf von den Grundforderungen des christlichen Glaubens leiten lassen.«[1] Soweit eine kurze Selbstdarstellung, die im folgenden erläutert und entfaltet werden soll.

Die Gründung unseres Instituts im Jahr 1969 war der Endpunkt einer langen Vorgeschichte. Überlegungen und Initiativen verschiedener Art begannen schon in der unmittelbaren Nachkriegszeit. Bereits im Jahr 1949 fand ein erstes Bildungsseminar für katholische Journalisten statt. Ihm folgten eine Reihe von Kursen für junge katholische Journalisten, die nach ihrem Tagungsort den Namen »Bensberger Kurse« erhielten und bald jährlich stattfanden. Organisiert wurden sie vom Zentralkomitee der Deutschen Katholiken, der Gesellschaft katholischer Publizisten und später auch der Arbeitsgemeinschaft katholische Presse.

Im Zentralkomitee der Deutschen Katholiken und in der Publizistischen Kommission der Deutschen Bischofskonferenz konkretisierte sich dann in der zweiten Hälfte der sechziger Jahre – wohl auch im Zusammenhang mit dem Zweiten Vatikanischen Konzil – der Plan, ein eigenes Institut zu gründen, das systematisch publizistischen Nachwuchs fördern und alle kirchlichen Aktivitäten auf diesem Gebiet koordinieren sollte. Im Jahr 1968 beschloß dann die Deutsche Bischofskonferenz die Gründung des Instituts zur Förderung publizistischen Nachwuchses und stellte die entsprechenden Mittel zur Verfügung. Das Institut arbeitet also nicht nur im Auftrag der Deutschen Bischofskonferenz,

---

* Vortrag an der Ruhr-Universität Bochum vom 10. Juni 1986.

sondern wird auch ausschließlich von der Deutschen Bischofskonferenz aus ihrem überdiözesanen Haushalt finanziert.

Das Ziel des Instituts hat Kardinal Julius Döpfner, damals Vorsitzender der Deutschen Bischofskonferenz, in einem Brief vom Jahre 1970 kurz umrissen: Das Institut habe die Chance, das überkommene Berufsbild des abhängigen katholischen Journalisten abzubauen und ihm ein neues Gepräge zu geben, das den Erfordernissen unserer Zeit gerecht werde.

Anläßlich des 10jährigen Jubiläums des Instituts hat Bischof Dr. Georg Moser, der Vorsitzende der Publizistischen Kommission der Deutschen Bischofskonferenz, die Ziele von damals näher ausgeführt: »Es sollen Journalisten ausgebildet werden, die vor allen anderen Dingen ihr Handwerk verstehen, die also recherchieren, analysieren, Wichtiges von Nebensächlichem unterscheiden können und die journalistischen Stilformen möglichst vollkommen beherrschen. Die im Institut Ausgebildeten sollen sich aber auch der Verantwortung bewußt sein, die ihnen gerade dieser Beruf auferlegt. Sie sollten sich nie dazu verleiten lassen, die Medien, über die sie in einer zweifellos privilegierten Stellung verfügen können, zu mißbrauchen. Und schließlich sollten sie in das breite Spektrum der Meinungen und Weltbilder einer pluralistischen Gesellschaft den Beitrag des christlichen Glaubens einbringen – nicht als eifernde Missionare einer Ideologie, sondern als faire Partner im Wettstreit der Ideen und in der Auseinandersetzung um eine sachgerechte und humane Antwort auf die großen Fragen, vor denen wir heute stehen.«[2]

Beim Institut zur Förderung publizistischen Nachwuchses e.V. handelt es sich um eine in seiner Art einmalige Einrichtung der katholischen Kirche, die freilich nur auf dem heutigen Hintergrund deutschen journalistischen Berufsverständnisses verstehbar ist. Denn der Journalistenberuf ist in der Bundesrepublik ein Beruf mit freiem Zugang für jedermann. Es gibt zwar Richtlinien und Grundsätze, aber keine von allen anerkannte Ausbildungsvorschriften.[3]

Bis heute bietet das Volontariat den vorherrschenden Ausbildungsweg für eine journalistische Berufstätigkeit. Viele bemühen sich nach Abschluß ihres Studiums um ein Volontariat. Andere studieren erst nach ihrer journalistischen Ausbildung. Allgemein kann man seit Jahren beobachten, daß der Zugang zu den wichtigsten Positionen im publizistischen Bereich über irgendein Hochschulstudium führt. Deshalb lag der Gedanke an eine Verbindung von Studium und journalistischer Praxis nahe.

1. STUDIENBEGLEITENDE AUSBILDUNG

In der Beschreibung der studienbegleitenden Ausbildung des Instituts heißt es dazu ganz knapp: »Das Studium soll jene Kenntnisse vermitteln, die Voraussetzung der journalistischen Arbeit in den verschiedenen Ressorts sind. Deshalb eignet sich jede Studienrichtung als Grundlage für einen journalistischen Beruf. Als Ergänzung des Studiums bietet das Förderungswerk seinen Stipendiaten eine praxisbezogene journalistische Schulung.«[4]

Nebenbei gesagt: Das Institut war und ist die erste Ausbildungsstätte, die ein vollwertiges Fachstudium mit einer parallel laufenden praktischen journalistischen »Lehre« verbindet. Dieses Modell wurde inzwischen partiell zwar von verschiedenen Universitäten übernommen, dort ist aber die Wahl der Studienfächer auf Sozial- bzw. Wirtschaftswissenschaften eingeschränkt. Unsere Stipendiaten studieren in der Reihenfolge ihrer Häufigkeit: Germanistik, Theologie, Volks- bzw. Betriebswirtschaft, Geschichte, Politikwissenschaften, Soziologie, Rechtswissenschaften, Pädagogik, Philosophie. Daneben sind auch Physik, Mathematik, Chemie, Psychologie, Sinologie und Slawistik vertreten.

Bei Beginn der Ausbildungsarbeit 1970 entschied man sich, zunächst die Förderung auf Studentinnen und Studenten zu beschränken und jährlich etwa 15 Kandidaten in das Förderungswerk aufzunehmen. Was das Auswahlverfahren betrifft, nur soviel: Jeder Bewerber muß die erklärte Absicht haben, einmal einen publizistischen Beruf auszuüben und ein dahin führendes Studium zum Abschluß bringen.

Auswahlverfahren

Aufgrund der Bewerbungsunterlagen entscheidet das Institut, welche Bewerber zu einem für das weitere Auswahlverfahren notwendigen Vorstellungsgespräch mit Beauftragten des Förderungswerkes nach München eingeladen werden. Bei dieser Gelegenheit wird auch eine kurze Arbeit (Zeit hierfür: 1 Stunde) zu einem aktuellen Thema geschrieben, das kein Fachwissen voraussetzt, sondern lediglich zur Beurteilung der journalistisch-handwerklichen Fähigkeiten der Bewerber beitragen soll.

Über die Aufnahme der zum Vorstellungsgespräch eingeladenen Bewerber entscheidet ein Gremium des Instituts, dem Hochschullehrer und Publizisten angehören und das bislang mit dem Vorstand des Instituts identisch ist.

WOLFGANG SEIBEL SJ

Rückblick auf 15 Jahre Institutsarbeit

Begrüßung beim Jahrestreffen
des Instituts zur Förderung publizistischen Nachwuchses
am 24. November 1984.

Als das Institut zur Förderung publizistischen Nachwuchses vor 15 Jahren gegründet wurde, gab es überhaupt keinen Grund zur Befürchtung, es werde seinen 15. Gründungstag nicht erreichen. Im Gegenteil, die Beteiligten waren alle überzeugt, daß die Aufgaben, denen sich das Institut widmen sollte, an Umfang und Bedeutung zunehmen würden. Es ist daher kein besonderes Ereignis, daß wir jetzt 15 Jahre alt sind. Wenn wir uns trotzdem entschlossen haben, diesen Termin nicht ganz sang- und klanglos vorübergehen zu lassen, so bewegten uns dazu eine ganze Reihe von Gründen, die ich Ihnen kurz nennen möchte. Zunächst möchten wir denen danken, die uns in diesen 15 Jahren geholfen haben, und das sind sehr viele. Dann scheint es uns wichtig und sinnvoll, einmal auf die bisherige Entwicklung zurückzublicken und uns auch auf die Grundlagen unserer Arbeit zu besinnen, also eine Bilanz zu ziehen, und zwar nicht nur im internen Bereich des Instituts, sondern vor der Öffentlichkeit. Und schließlich sollte man es nicht versäumen, wenn sich ein Anlaß bietet, ein kleines Fest zu feiern. Und dazu begrüße ich Sie heute alle ganz herzlich. Die Gründung unseres Instituts im Jahr 1969 war der Endpunkt einer langen Vorgeschichte. Überlegungen und Initiativen verschiedenster Art begannen schon in der unmittelba-

ren Nachkriegszeit. Bereits im Jahr 1949 fand ein erstes Bildungsseminar für katholische Journalisten statt. Ihm folgten eine Reihe von Kursen für junge katholische Journalisten, die nach ihrem Tagungsort den Namen „Bensberger Kurse" erhielten und bald jährlich stattfanden. Organisiert wurden sie vom Zentralkomitee der Deutschen Katholiken, der Gesellschaft katholischer Publizisten und später auch der Arbeitsgemeinschaft katholische Presse.

Im Zentralkomitee der Deutschen Katholiken und in der Publizistischen Kommission der Deutschen Bischofskonferenz konkretisierte sich dann in der zweiten Hälfte der sechziger Jahre – wohl auch im Zusammenhang mit dem Zweiten Vatikanischen Konzil – der Plan, ein eigenes Institut zu gründen, das systematisch publizistischen Nachwuchs fördern und alle kirchlichen Aktivitäten auf diesem Gebiet koordinieren sollte. Im Jahr 1968 beschloß dann die Deutsche Bischofskonferenz die Gründung des Instituts zur Förderung publizistischen Nachwuchses und stellte die entsprechenden Mittel zur Verfügung. Das Institut arbeitet also nicht nur im Auftrag der Deutschen Bischofskonferenz, sondern wird auch ausschließlich von der Deutschen Bischofskonferenz aus ihrem überdiözesanen Haushalt finanziert.

Bei den Überlegungen, die der Gründung des Instituts vorangingen, war allen Beteiligten klar, daß es verschiedene Wege zum Journalistenberuf gibt. Es konnte aber nicht alles zugleich angepackt werden, und es fehlten fast alle Erfahrungen; denn die wenigen damals bestehenden Modelle ließen sich bei den Bedingungen, die unserem Institut vorgegeben waren, nicht kopieren. So beschloß die vorbereitende Arbeitsgruppe, zunächst mit der Ausbildung von Studierenden zu beginnen.

Probejahr

Jeder Stipendiat wird zunächst auf ein Jahr zur Probe aufgenommen. Während der Probezeit soll sich erweisen, wieweit er zur publizistischen Arbeit befähigt ist und ob er sich mit der für das Institut maßgebenden christlichen Grundhaltung identifizieren kann. Er besucht in diesem Jahr die erste Ferienakademie und absolviert ein Pressepraktikum.

Förderungsdauer und Ferienakademien

Die Förderungsdauer beträgt drei Jahre. Jeder Stipendiat besucht drei Ferienakademien und zwei Informationswochenenden über aktuelle kirchliche Fragen. Die Akademien beginnen im ersten Förderungsjahr nach Ende des Wintersemesters, im zweiten Förderungsjahr nach dem Sommersemester und im dritten Jahr vor dem Wintersemester. Ihre Dauer beträgt jeweils drei Wochen.

Praktikum

Jeder Stipendiat absolviert während der dreijährigen Förderungszeit in den akademiefreien Semesterferien mindestens drei acht- bis zehnwöchige Praktika. Durch das Institut vermittelte Praktika werden folgendermaßen vergütet:
a) Das Förderungswerk übernimmt eine Honorargarantie von monatlich 500 DM, die jeder Stipendiat auf Antrag erhält. Die Zeilenhonorare, Zuschüsse und Beihilfen der Redaktionen werden darauf angerechnet.
b) Bei Praktika außerhalb des Studien- oder Heimatortes gewährt das Institut neben der Honorargarantie einen monatlichen Mietzuschuß von höchstens 120 DM und übernimmt die Fahrtkosten 2. Klasse Bundesbahn für die einmalige Hin- und Rückreise.

Zwischenbilanz

Während seines 15jährigen Bestehens hat das Förderungswerk insgesamt 64 Stipendiatinnen und 176 Stipendiaten aufgenommen, die aus der ganzen Bundesrepublik stammen.
    Von den Stipendiaten, die inzwischen ihr Studium und die journalistische Ausbildung abgeschlossen haben, sind mittlerweile 97 in einem journalistischen Beruf tätig: bei Tages- und Wochenzeitungen, Nachrichtenagenturen (41), bei

Presse- und Öffentlichkeitsstellen (18), bei Hörfunk und Fernsehen (38). Viele sind auch freie Mitarbeiter bei den Medien.[5]

Anzumerken ist, daß bei der Wahl des späteren Berufsplatzes als Journalist die Stipendiaten keine Verpflichtung eingehen. Das gilt auch für die Volontäre der katholischen Presse, auf die im folgenden näher einzugehen ist.

2. VOLONTÄRAUSBILDUNG IN DER KATHOLISCHEN PRESSE

Einzelne Verlage der Arbeitsgemeinschaft Katholische Presse e. V. (AKP) und die Katholische Nachrichten-Agentur GmbH (KNA) bildeten auch schon früher Volontäre aus. Die »überbetriebliche« Ausbildung besorgten Seminare der Bayer. Journalistenschulung bzw. die »Bensberger Kurse«, auf die bereits hingewiesen wurde. Allerdings verlangte die personelle und finanzielle Situation Anfang der 70er Jahre eine neue Konzeption.

Die medienpolitischen Weichen dafür – und auch für die künftige Fortbildung – wurden durch die »Grundsätze für ein Gesamtkonzept der kirchlichen Publizistik« während der deutschen Synode gestellt. Kurz nach Einstellung der Wochenzeitung »Publik« forderte der damalige Weihbischof Dr. Georg Moser am 11. Mai 1972 in dem sogenannten »Publizistischen Sofortprogramm« unter Punkt 6:

»Und dieser Punkt ist besonders bedeutsam und besonders dringlich, der Ausbau der publizistischen Bildungsarbeit, wobei im einzelnen zu nennen wären:
a) die Förderung von journalistischem Nachwuchs, und zwar nicht nur für die Kirchenpresse, aber auch für sie,
b) die Weiterbildung von Journalisten,
c) die Aus- und Weiterbildung von publizistisch Tätigen oder auch gelegentlich die Förderung von Amtsträgern, die keine professionellen Journalisten sind, aber doch immer wieder journalistisch aktiv werden.«[6]

Diesen Worten sind auch Taten gefolgt. Die Deutsche Bischofskonferenz hat im Frühjahr 1974 den Institutsauftrag auf den Bereich der journalistischen Fortbildung erweitert und es außerdem beauftragt, Aktivitäten und Initiativen anderer Institutionen auf dem Gebiet der Aus- und Fortbildung von Journalisten zu koordinieren.

(Damit nicht der falsche Eindruck entsteht, die »reiche« Kirche der Bundesrepublik Deutschland habe für die Journalistenausbildung einen großen »Apparat« aufgezogen, sei hier kurz der Stellenplan des Instituts angeführt. Es ist zwar eine Erweiterung beantragt, aber bis zur Stunde sind wir ein kleines Team. Außer der ersten Planstelle für den Geschäftsführer und Studienleiter wurde eine zweite für die Fortbildung bewilligt. Hinzu kommen eine Sektretärin und eine halbtags angestellte Schreibkraft. Der Leiter des Instituts und die übrigen Vorstandsmitglieder arbeiten ehrenamtlich.)

Vorstand des Instituts

Dem Vorstand des Instituts zur Förderung publizistischen Nachwuchses e. V. gehören an: Prof. DDr. Otto B. Roegele (Vorsitzender), Vorstand des Instituts für Kommunikationswissenschaft, Universität München; Dr. Albert J. Reichert (stellvertretender Vorsitzender), ehemaliger Chefredakteur der Kirchenzeitung für die Diözese Augsburg; Dr. Hans Czarkowski, Leiter des Referats für Presse- und Öffentlichkeitsarbeit des Generalsekretariats beim Zentralkomitee der deutschen Katholiken, Bonn-Bad Godesberg (inzwischen ausgeschieden); Dr. Peter Düsterfeld, Leiter der Kirchlichen Zentralstelle für Medien der Deutschen Bischofskonferenz; Dr. Bernd Nellessen, stellvertretender Chefredakteur der Hannoverschen Allgemeinen Zeitung, Hannover; Weihbischof Bernhard Rieger, Rottenburg; Prof. Albert Scharf, stellvertretender Intendant des Bayerischen Rundfunks, München; Pater Dr. Wolfgang Seibel SJ, Chefredakteur der Zeitschrift »Stimmen der Zeit«, München. Pater Seibel ist zugleich auch seit 1969 Leiter des Instituts.

Was nun die Volontärausbildung betrifft, haben wir zunächst versucht, die Tradition der »Bensberger Kurse« fortzusetzen und Ausbildungsseminare mit freiem Zugang für Interessenten aus kirchlichen bzw. kirchennahen Medien anzubieten. Zwischen 1976 und Januar 1978 haben wir in Hagen, Bensberg und Augsburg drei vierzehntägige Kurse mit freiem Zugang durchgeführt. Dabei zeigte es sich immer mehr, daß die Volontärausbildung der Stipendiatenausbildung angeglichen werden müßte. Und dafür waren nunmehr die Bedingungen günstig. Denn mittlerweile gab es seit November 1975 die Medien-Dienstleistung GmbH (MDG), eine Einrichtung der Deutschen Bischofskonferenz, die »durch Beratung, Betreuung, durch Unterstützung oder sonstige Förderung«[7] katholischen Verlagen – nicht zuletzt in finanzieller Hinsicht – helfen soll. Zwischen der MDG, der AKP und dem Institut wurde 1977 das Projekt »Volontärausbildung in der katholischen Presse« vereinbart. Dieses Modell ist inzwischen in der Praxis erprobt und hat sich nach Ansicht aller Beteiligten auch bewährt. Eine Gewerkschaft, der Deutsche Journalisten-Verband, hat es als »vorbildlich« eingestuft. Im folgenden die wesentlichen Grundzüge dieses Ausbildungsmodells:

1. Katholische Verlage aus dem ganzen Bundesgebiet stellen jährlich ca. 15 Ausbildungsplätze für Redaktionsvolontäre zur Verfügung.

2. Das Angebot richtet sich vorrangig an Abiturienten, dann auch an Personen mit Mittlerer Reife und einer abgeschlossenen Berufsausbildung sowie an Akademiker mit abgeschlossenem Hochschulstudium.
3. Die Bewerbung geschieht über eine zentrale Ausschreibung. Uns wird von verschiedenen Seiten immer wieder bestätigt, wie sehr die zentrale Ausschreibung mit der zentralen Vorauswahl dazu beigetragen habe, daß die Volontärausbildung in der katholischen Presse auch bei den säkularen Medien und den journalistischen Berufsorganisationen Anerkennung findet.
4. Die Kriterien für die Auswahl und die einzelnen Stufen des Auswahlverfahrens sollen am Beispiel des Jahres 1985 deutlich werden:

Auf die Anzeige »Wollen Sie Journalist werden?« forderten 768 Interessenten beim Institut Informationen an. 351 Kandidatinnen und Kandidaten haben sich dann termingerecht bei der MDG beworben. Von der MDG wurden ca. 150 Bewerber aufgrund mehr äußerer Merkmale (schlechte Schulnoten, unvollständige, schlampige Bewerbungsunterlagen, zu hohes Alter, andere Konfession usw.) ausgeschieden. Von den verbliebenen ca. 200 Unterlagen wurden im Institut von zwei Personen unabhängig voneinander zunächst diejenigen 100 Kandidaten ausgewählt, die einen Aufsatz zum Thema »Braucht die katholische Kirche eine eigene Presse?« schreiben mußten. Hauptkriterien waren die journalistischen Berufsvorstellungen, die jeder Bewerber einsenden muß, Arbeitsproben, Zeugnisnoten, besonders in Deutsch, und schließlich die Frage nach der christlichen Grundhaltung und der kirchlichen Bindung. Wichtig ist uns hierbei nicht die Religionsnote auf dem Abiturzeugnis, sondern zum Beispiel die aktive Mitarbeit in einer Pfarrgemeinde oder kirchlichen Gruppe.

Die 100 Aufsätze wurden kopiert und ohne Namensangabe zwei Redakteuren der katholischen Presse zur Beurteilung nach journalistischen Gesichtspunkten vorgelegt. Anhand dieser Bewertungen wurden die Bewerbungsunterlagen nochmals durchgesehen und diejenigen 40 Kandidaten ausgewählt, die für einen Tag nach Nürnberg eingeladen wurden.

Diese 40 Kandidatinnen und Kandidaten mußten an dem Prüfungstag einen Kommentar zu einer Erklärung des Zentralkomitees sowie eine kurze Reportage zu einem vorgegebenen Thema schreiben. In Fünfer-Gruppen mußten sie sich ferner einem etwa einstündigen Gespräch mit den Mitgliedern der Arbeitsgruppe stellen. Das »Prüfungsgremium« setzt sich aus vier Mitgliedern der AKP (drei Redakteuren und einem Verleger) sowie je zwei Mitarbeitern der MDG und des Instituts zusammen.

Auf Grund der schriftlichen Ergebnisse sowie der persönlichen Eindrücke wählte das Gremium die 20 Kandidaten aus, von denen man überzeugt war, daß sie die Voraussetzungen für ein Volontariat besitzen. Noch in Nürnberg

wurde festgelegt, welchem von den zwei Kandidaten, die jedem Verlag vorgeschlagen wurden, die Priorität gebühre. Mit diesen Vorgaben vermittelte dann die MDG die Kandidaten.
5. Das Volontariat dauert – für alle – grundsätzlich zwei Jahre.
   a) Während dieser zwei Jahre verpflichtet sich der Verlag, für den Volontär ein 12wöchiges Praktikum bei einer Tageszeitung, Nachrichten-Agentur, Pressestelle oder Rundfunkanstalt zu besorgen und ihn dafür freizustellen.
   b) Der Verlag verpflichtet sich ferner, den Volontär innerhalb der Ausbildungszeit an insgesamt vier je vierzehntägigen Kursen teilnehmen zu lassen, die von unserem Institut ausgerichtet und durchgeführt werden.
6. Der Verlag erhält von der MDG ein Drittel des Volontärgehaltes ersetzt. Die Gesamtkosten der Kurse sowie die Reisekosten für die Teilnehmer übernimmt das Institut.

Zwischenbilanz

Seit Beginn des Projektes »Volontärausbildung in der katholischen Presse« im Jahr 1978 haben 142 Volontärinnen und Volontäre unsere Kurse besucht. Davon sind heute 43 als Redakteure bei der katholischen Presse, 36 bei Tages- und Wochenzeitungen, 9 bei kirchlichen und säkularen Pressestellen, 7 bei Hörfunk und Fernsehen und 8 als freie Mitarbeiter tätig. 22 haben nach dem Volontariat ein Studium aufgenommen und 16 sind jetzt im zweiten Jahr ihrer Ausbildung.

Das Ausbildungsprojekt stellt bei aller Verteilung der Aufgaben und Kosten klar die jeweilige Ausbildungsredaktion als den eigentlichen Träger der Ausbildung heraus. (Hier sind ja auch die Volontäre während ihrer zweijährigen Ausbildung insgesamt eineinhalb Jahre tätig.) Die Ausbilder der Volontäre werden jährlich einmal zu einem »Colloquium für die Volontärausbilder« eingeladen.

Die Kurse können die Verlagsausbildung nicht ersetzen, sie ergänzen sie jedoch in systematischer Praxis und begleitender Reflexion. Die Kurse werden in katholischen Tagungshäusern jeweils an einem anderen Ort in der Bundesrepublik durchgeführt. Wie bei der Stipendiatenausbildung werden auch hier als Referenten Journalisten vorwiegend aus den säkularen Medien eingeladen. Voraussetzung ist natürlich, daß sie nicht nur ihr journalistisches Können bewiesen haben, sondern auch ihr Know-how dem journalistischen Nachwuchs pädagogisch weitervermitteln können.

Das Kursangebot ist nach dem folgenden Prinzip aufgebaut: Der erste Kurs soll in die Aufgaben eines Tageszeitungs-Redakteurs einführen. Beim zweiten werden die Übungen vertieft und auf die Bedürfnisse einer Wochenzeitung abgestimmt. Der dritte Kurs hat den Journalisten als Kritiker und Meinungsmacher im Visier und der vierte bietet eine Einführung in die redaktionelle und technische Hörfunk- und Fernseharbeit.

Wer die Kursprogramme mit dem Angebot anderer Journalistenschulen vergleicht, wird, oberflächlich betrachtet, kaum einen Unterschied feststellen. Hier wie dort werden Nachrichten, Reportagen, Kommentare, Rezensionen usw. geübt. Der Unterschied liegt auch nicht darin, daß bei uns etwa eine Reportage über einen katholischen Kindergarten und dort über einen in städtischer Trägerschaft geübt wird. Der Unterschied liegt nicht im Handwerklichen, auch nicht in der Sache, der Unterschied liegt in der ständigen Auseinandersetzung mit der religiösen Dimension des einzelnen und der Gesellschaft, mit ihrer Darstellung und Vermittlung.

Für die Erörterung und Vermittlung von kirchlich-sozialen Themen besteht in der Bundesrepublik Deutschland ein hervorragendes Fundament. Jedes Kind, das sich nicht vom Religionsunterricht abmeldet, erhält ca. 1000 Religionsstunden während seiner Schullaufbahn! Und dennoch wird allenthalben das »mangelnde theologische Sachwissen« beklagt, nicht nur bei den Journalisten, doch hier wirkt es sich besonders negativ aus, vor allem dann, wenn einer bei einer Kirchenzeitung arbeitet.

Da die Volontäre nicht nur für die Kirchenpresse ausgebildet werden, helfen sie mit dieser speziellen Ausbildung Lücken bei anderen Medien schließen. Denn bei einer Umfrage unter Journalisten rangierte eindeutig Religiös-Theologisches an der Spitze der Themen, über die Journalisten nicht gerne schreiben. Bei derselben Umfrage wurden Journalisten auch gefragt, bei welchen Themen sie sich am unsichersten fühlten. Und wiederum nahm Religiös-Theologisches-Kirchliches die Spitzenposition ein.

Daß dies so ist, liegt nicht nur allein an den Journalisten. Von seiten der Kirche sind auch erhebliche Barrieren vorhanden. Um hier einen Beitrag zu leisten, wurde 1977 ein weiterer Ausbildungszweig des Instituts eingerichtet.

3. JOURNALISTISCHE AUSBILDUNG FÜR THEOLOGEN

Dieses Angebot richtet sich an Mitarbeiter im kirchlichen Dienst – Priester und Laientheologen –, die publizistisch tätig werden wollen, ohne hauptberuflich Journalisten zu sein.

Vier je achttägige Seminare – in einem Abstand von vier bis sechs Monaten – haben das Ziel, das Kommunikationsverhalten der Kirche auf dem Mediensektor zu verbessern. Die Teilnehmer sollen mit den Formen und den Möglichkeiten der Vermittlung religiöser und kirchlicher Themen in den Medien vertraut werden. Der Schwerpunkt liegt dabei im Bereich der Verkündigung. Deshalb wird bei den Teilnehmern ein abgeschlossenes Theologiestudium und Interesse an kirchlicher Medienarbeit vorausgesetzt.

Das erste Seminar führt in die Grundformen journalistischer Arbeit ein und zielt auf die publizistischen Aufgaben in einer Pfarrgemeinde ab. Das zweite Seminar befaßt sich mit den journalistischen Aufgaben in der Region bzw. Diözese. Die beiden letzten Seminare zeigen die Arbeitsmöglichkeiten im lokalen bzw. regionalen Hörfunk und im lokalen Fernsehen, wie es etwa in den Kabelpilotprojekten realisiert wird.

Zwischenbilanz

Bisher fanden vier Seminarreihen statt, an denen 62 Priester und Laientheologen teilgenommen haben.

Für eine neue Reihe, die mit einem ersten Seminar in Augsburg im Oktober 1986 beginnt, wurden 17 Personen angemeldet.

Die Kosten für die Kurse betragen pro Seminar und Teilnehmer 550 DM und müssen ebenso wie die Reisekosten von der entsendenden Stelle übernommen werden.

4. FORTBILDUNG

Die Fortbildung, als Weiterbildung der bereits Ausgebildeten verstanden, wird in den nächsten Jahren einen immer größeren Stellenwert bekommen. Dabei wird ein entsprechendes Zielgruppen-Angebot für kleine Gruppen zu entwickeln sein, das der Spezialisierung heutiger Medienarbeit angemessen ist. Ein wesentlicher Akzent wird dabei im Aus- und Aufbau der Fernsehausbildung liegen. Hier sind wir mitten in den Planungen. Doch ich will Ihnen nicht davon berichten, sondern von dem, was wir bisher auf dem Fortbildungssektor konkret getan haben.

Für Redakteure der katholischen Presse haben wir mehrtägige Seminare zu folgenden Themen veranstaltet:
– »Fernsehkritik in der Kirchenpresse«,
– »Bildgestaltung in der Kirchenpresse«,
– »Neue Technik bei der Zeitungsherstellung«,
– »Das Layout von Zeitungen und Zeitschriften«,
– »Die Gestaltung von Kinderseiten in der Bistumspresse«,
– »Schlagzeilen und Bilder in der Presse«,

– »Regionale bzw. lokale Berichterstattung in der katholischen Presse«
– sowie Fotokurse.

Darüber hinaus bietet das Institut selbstverständlich Seminare für ehemalige Stipendiaten und Volontäre an. Dazu eine Auswahl aus durchgeführten Seminaren der letzten Jahre. So z. B. ein einwöchiges Seminar zur »Einführung in die Fernseharbeit«, ein viertägiges Seminar »Argumentationstraining«, ein viertägiges Interview-Seminar, einwöchige Video-Grundkurse und Video-Werkstatt-Seminare.

Als zielgruppen-übergreifendes Angebot wurden seit 1979 sechs jeweils viertägige Seminare unter dem Leitthema »Sprache der Theologie – Sprache der Medien« durchgeführt. Aus jeweils veränderter Perspektive wurde die Sprachproblematik erörtert. Das Thema im vergangenen Jahr war die sog. Trinitätslehre. Ein Artikel im *Münchener Merkur* beschreibt die Intention wie das methodische Vorgehen bei einer so schwierigen Aufgabe:
»›Über Gott reden und nicht zu ihm schweigen‹
Augsburg: Kath. Seminar für junge Journalisten

Wie kann über Gott, Glaube und Religion in den Medien berichtet werden? Kann man diese Themen überhaupt journalistisch vermitteln? Und wenn ja, wie? Mit der Sprache der Theologen? Oder der Verkündigung? All diese Fragen machen viele Journalisten oft ziemlich ratlos. Und weil es scheinbar keine schlüssigen Antworten darauf gibt, läßt man's gleich bleiben. Kirche und Religion werden dann nur beachtet, wenn es Ärger gibt: Mit dem Papst, mit ›reaktionären‹ Kardinälen, mit der Amtskirche.

Es ist dem Institut zur Förderung publizistischen Nachwuchses hoch anzurechnen, daß es nicht nur katholische Studenten und Volontäre der Kirchenpresse zu Journalisten ausbildet, sondern auch solche Fragen in einem eigenen Seminar behandelt. Anliegen dieses Kurses ist es, das Geheimnis Gottes in menschlich verständlicher Sprache zu formulieren. Heuer fand er zum sechsten Mal im Ulrichshaus in Augsburg statt. Der Andrang war groß, insgesamt 25 Journalisten von Kirchenzeitungen, aber auch von säkularen Medien, nahmen daran teil.

Bei diesem Seminar wurden zunächst die Bedingungen erörtert, die für eine Annäherung an das Geheimnis Gottes notwendig sind. So machte Wilhelm Gössmann, Professor für Didaktik der deutschen Sprache und Literatur an der Universität Düsseldorf, deutlich, daß eine Möglichkeit, um adäquat über Gott und den Glauben schreiben zu können, die Ausbildung der inneren Spache sei. Weil sie aus inneren Antrieben heraus und spontan entstehe, sei sie der beste Zugang zu den Erfahrungen im Bereich des Glaubens. Eike Christian Hirsch, Redakteur beim Kirchenfunk des NDR, vertrat die Auffassung, daß das Schreiben über Gott und den Glauben weniger ein methodisches, vielmehr ein inhaltliches Problem sei. Im Mittelpunkt der Überlegungen stehe die Sache, also: Was will ich zu diesem Thema schreiben? Die Worte kämen dann von allein.

In einer praktischen Übung wurde schließlich versucht, die biblisch-dogmatischen Aussagen über den Heiligen Geist, die Dreifaltigkeit, kurz: die sogenannte Trinitätslehre, einem breiten Publikum verständlich zu machen. Grundlage war ein Aufsatz des Dogmatikers Peter Knauer im Rheinischen Merkur/Christ und Welt. Wenn auch die Transformation von theologischer Fachsprache in journalistische Information nur bedingt gelang. Lehrreich war es für die Teilnehmer und den Trainer Michael Belzer von der Katholischen Glaubensinformation trotzdem. Es genügt nämlich nicht, den theologischen Text in meditative Verkündigungssprache zu übersetzen, sozusagen ein erbauliches Surrogat theologischer Inhalte wiederzugeben. Aber auch mit einer inhaltlichen Zusammenfassung allein ist es nicht getan. Not tut ein Instrumentarium, mit dem das Wesentliche eines theologischen Textes verständlich wiedergegeben werden kann. Wenn beispielsweise Knauer christlich glauben definiert als ›Anteilhaben an Jesu Verhältnis zu Gott‹, dann müßte diese Aussage so interpretiert werden, daß sie den Menschen und seine Erfahrungen miteinbezieht. Einige Versuche zeigten, daß diese Umsetzung möglich ist.

In den Medien über Gott reden, geht das überhaupt? Das Seminar hat Mut gemacht, es mit der medialen Umsetzung dieses Themas immer wieder zu versuchen. Trotz aller Schwierigkeiten. Oder, um mit Augustinus zu sprechen: Wir müssen über Gott reden, weil wir nicht über ihn schweigen können.

Siegfried Höhne«[8]

5. BLEIBENDER AUFTRAG

Es kann sein, daß Sie sich trotz des eben angeführten Beispiels gefragt haben, warum engagiert sich die katholische Kirche auf dem Gebiet der Journalistenausbildung? Was bedeutet es für das Institut, daß es im Auftrag der Deutschen Bischofskonferenz arbeitet?

Eine Antwort darauf hat der Leiter unseres Instituts, Pater Wolfgang Seibel, anläßlich des 15jährigen Jubiläums im Herbst 1984 gegeben: »Eine von der Kirche getragene Ausbildungsinstitution hat zunächst einmal nur dann Sinn und Berechtigung, wenn sich ihre Arbeit nicht auf das rein Handwerkliche beschränkt. Ich betone hier die Begriffe ›nur‹ und ›beschränkt‹; denn selbstverständlich steht die Vermittlung journalistischer Formen und Methoden an erster Stelle. Das Institut steht und fällt mit der Qualität der fachlichen journalistischen Ausbildung. Können läßt sich nirgendwo durch Gesinnung ersetzen.

Aber die Arbeit des Instituts darf sich nicht darauf beschränken. Sie muß vielmehr zu einer tieferen Reflexion über die Grundlagen und die ethischen Forderungen des Journalistenberufs führen. Zu dieser Reflexion gehört auch die Frage, wie sich die persönliche christliche Überzeugung des einzelnen in der konkreten journalistischen Arbeit auswirkt, welche Bedeutung sie hat, welche Verantwortung und welche Pflichten sie auferlegt. Die Auseinandersetzung mit diesen Fragen nimmt in unserem Institut einen wesentlichen Platz ein, sowohl auf den Akademien und Seminaren wie auch auf Besinnungstagen, zu denen sich die einzelnen Jahrgänge erfreulich häufig an Wochenenden treffen.

Wir halten allerdings gerade in diesem Bereich wenig von theoretischen Vorlesungen oder abstrakten Grundsatzdiskussionen, wie sie unter der Rubrik ›journalistische Ethik‹ oder ›Ethik des Journalismus‹ heute allenthalben in Wort und Schrift stattfinden. Wesentlich effektiver, weil konkreter und im Lebensraum des einzelnen verwurzelt, sind Reflexionen über die Erfahrungen, mit denen die Stipendiaten und Volontäre in der journalistischen Praxis konfrontiert werden. In dieser Reflexion wird sehr schnell deutlich, daß man mit Patentrezepten nicht weit kommt, weil jeder Fall wieder anders gelagert ist, und daß daher für den Journalisten nichts wichtiger ist als ein geschärftes und sensibles Bewußtsein von der Verantwortung, die er trägt. Wir sehen eine zentrale Aufgabe unseres Instituts darin, die Ausbildung so zu gestalten, daß ein solches Verantwortungsbewußtsein wachsen kann.

Auf einen weiteren Punkt möchte ich noch hinweisen. Wenn wir im Auftrag der Kirche Journalisten ausbilden, dann wollen wir keine Sonderinteressen der Kirche durchsetzen. Das Institut zur Förderung publizistischen Nachwuchses will keine Lobby der Kirche in den Redaktionen schaffen und noch weniger Propagandisten einer Ideologie heranbilden. Dies muß vor allem deswegen betont werden, weil heute zu viele allein in den Kategorien von Macht und Einfluß denken und deswegen auch in jedem Handeln der Kirche nur das Streben nach Machterhalt und Machterweiterung sehen. Mit dem Engagement der Kirche in der Journalistenausbildung, wie wir es in unserem Institut verstehen, soll vielmehr ein Beitrag dazu geleistet werden, daß ein so zentraler Bereich unserer Gesellschaft wie die Kommunikation sachgemäß funktioniert, daß die Menschen die Information erhalten, die ihnen ein sachgerechtes Urteil über die Vorgänge und die Entwicklungen in der Gesellschaft ermöglichen, und daß in dieses durch die Medien ermöglichte Gespräch der Gesellschaft auch der Standpunkt und die Überzeugung des christlichen Glaubens eingebracht werden – und zwar in einem Stil, der andere Meinungen nicht diffamiert, sondern sich argumentativ und fair mit ihnen auseinandersetzt. Der offene Austausch der Meinungen, der freie Wettstreit der Ideen, die Bereitschaft, auch auf solche Fragen zu hören, die nicht ins eigene Konzept passen, und auch solche Thesen ernst zu nehmen, die die eigene Position nicht bestätigen, diese Haltungen sind für die

Kirche genauso wichtig wie für die Gesellschaft, und diesen Zielen will auch unser Institut dienen.

Dazu gehört zuallererst, daß im Institut selbst eine Atmosphäre der Verständigungsbereitschaft und des Vertrauens herrscht, in der jeder den anderen ernst nimmt, unabhängig davon, welche Meinungen er vertritt. Die Meinungsvielfalt unter den Katholiken ist heute so weit gespannt wie noch selten in der Geschichte – ein Zeichen, daß der christliche Glaube kein uniformes Gebilde ist, sondern sich in den verschiedensten Lebens- und Denkformen verwirklichen kann. Es ist selbstverständlich, daß sich diese Vielfalt auch in unserem Institut spiegelt. Wir sehen darin keinen Nachteil, sondern nur Chancen. Denn die Achtung vor anderen Meinungen und die faire Auseinandersetzung mit ihnen – Grundforderungen jedes Journalisten und gleichzeitig auch Grundforderungen des christlichen Glaubens –, das kann man doch nur lernen, wenn man sich nicht nur unter völlig Gleichgesinnten bewegt. Darum soll in unserem Institut jeder Platz haben, der in dem weiten Raum der Kirche Platz hat, aber er muß darüber hinaus noch eine Voraussetzung erfüllen, die mit der Zugehörigkeit zur Kirche leider nicht schon von vornherein gegeben ist: Er darf nicht den Dialog verweigern.«[9]

* * *

Beim Lesen der Korrekturfahnen im November 1987 ist folgender Hinweis unerläßlich:

Die beschriebenen Ausbildungsgänge haben sich bewährt und werden auch kontinuierlich weitergeführt. Dementsprechend müßten die Zahlen in den Zwischenbilanzen um jeweils 30 Personen erhöht werden. Auch hat sich die personelle Situation im Institut seither erheblich verbessert. Es stehen nunmehr vier Planstellen für Studienleiter zur Verfügung.

Einen zusätzlichen Weg beschritt das Institut in diesem Jahr, insofern es einen Einführungskurs in die PR- und Öffentlichkeitsarbeit anbot. Das Seminar fand so großen Anklang, daß es wiederholt werden soll.

Die wesentliche Veränderung ist jedoch, daß dem Institut seit 1. Januar 1987 ein eigenes Fernseh- und Hörfunkstudio beim Heinrich-Pesch-Haus in Ludwigshafen zur Verfügung steht. Damit kann nicht nur die Rundfunkausbildung der Absolventen des Instituts verstärkt werden, sondern es wird auch katholischen Interessenten, die einen entsprechenden Ausbildungsstand nachweisen können, eine ergänzende Ausbildung angeboten. Die Kurse, überwiegend in Kleingruppen, sind nach einem Baukastenprinzip konzipiert und dauern in der Regel eine Woche. Als Referenten werden – zusätzlich zum Fachpersonal des Studios – Redakteure, Moderatoren und Reporter von Rundfunkanstalten eingeladen.

ANMERKUNGEN

[1] Einleitung zur Beschreibung der verschiedenen Ausbildungsgänge, die das Institut zur Förderung publizistischen Nachwuchses allen Bewerbern und Interessenten zur Verfügung stellt.

[2] Der Christ im journalistischen Beruf, in: Zum Gespräch verhelfen, acht Essays, hrsg. vom Institut zur Förderung publizistischen Nachwuchses, München 1979, S. 17.

[3] Z. B. sind die »Grundsätze für das Redaktionsvolontariat an deutschen Zeitungen« seit dem 22. April 1983 für alle Mitglieder des Bundesverbandes Deutscher Zeitungsverleger verbindlich, aber sie werden von den Gewerkschaften und Berufsverbänden bis heute nicht anerkannt.

[4] Wie Anmerkung 1.

[5] Sämtliche Zahlen sind einer Statistik entnommen, die im Institut zum 15. November 1984 aus Anlaß der Feier zum 15jährigen Bestehen erstellt wurde.

[6] Erklärung der Deutschen Bischofskonferenz zur Vorlage der Sachkommission VI »Grundsätze für ein Gesamtkonzept der kirchlichen Publizistik«, S. 16, in: S 2/1972, Sonderheft SYNODE vom 10. August 1972. Vgl. auch: Kirche und gesellschaftliche Kommunikation, in: Gemeinsame Synode der Bistümer in der Bundesrepublik Deutschland, Offizielle Gesamtausgabe, Ergänzungsband, Freiburg 1977, S. 215–246.

[7] Satzung der MDG.

[8] Siegfried Höhne, Münchner Merkur, am 21./22. Dezember 1985.

[9] 15 Jahre, Broschüre aus Anlaß des 15jährigen Bestehens des Instituts zur Förderung publizistischen Nachwuchses, München, Februar 1985.

V. Werbung/PR

Hans-Günther Herppich

Werbefachliche Akademie Köln e.V.*

I. DIE BERUFE IM BEREICH DER MARKETING-KOMMUNIKATION

Unter Marketing-Kommunikation sind die Bereiche
- PR – Public Relations,
- Werbung,
- Verkaufsförderung

zu verstehen. Marketing-Kommunikation ist ein Teil des Marketings. Sie realisiert die Aufgaben und Vorstellungen, die im Bereich des Marketings erarbeitet werden.

In welchen Unternehmen benötigt man Fachkräfte, die den Bereich Marketing-Kommunikation beherrschen? Es sind dies drei große Unternehmensgruppen:

a) *beratende Firmen,* z. B. Werbeagenturen, PR-Agenturen, Marktforschungsinstitute etc.,

b) *Industrie/Dienstleistung,* z. B. Werbeabteilungen in Industriebetrieben, Mitarbeiter des Produktmanagements und der Verkaufsförderung,

c) *Verbände/Staat/Kommunen,* z. B. Sportverbände, die Ämter für Öffentlichkeitsarbeit der Kommunen, aber auch Vereine gemeinnütziger Art, z. B. die Krebshilfe oder Brot für die Welt.

Die Bedeutung der Marketing-Kommunikation wird in Zukunft steigen. Sie bietet gute Chancen, wenn die entsprechenden Voraussetzungen gegeben sind. Verhältnismäßig viele Personen werden in Werbeagenturen ein Unterkommen finden. Deshalb sei hier speziell auf die Agenturen eingegangen.

In einer Werbeagentur kann man vier große Arbeitsbereiche unterscheiden:

a) *Beratung:* Kundenkontakt, Innenkontakt, Forschung, Text, Konzeption etc.

b) *Medien:* Media-Planung, Media-Durchführung.

Dies sind die beiden kaufmännisch orientierten Bereiche. In größeren Agenturen sind diese sehr streng von den technischen Aufgabenbereichen getrennt. Hierzu gehören:

* Vortrag an der Ruhr-Universität Bochum vom 24. Juni 1986.

c) *Gestaltung:* In diesem Bereich arbeiten Grafiker, Designer, Fotografen, Reprografen etc.
d) *Produktion:* Die entwickelten Werbemittel werden in dieser Gruppe realisiert, z. B. Erstellung von Druckunterlagen, Auftragserteilung an Druckereien und Drucküberwachung. Hier werden vor allem technisch orientierte Fachkräfte wie Druckingenieure, Druckmeister, Setzer etc. eingesetzt.

Für die kaufmännisch orientierten Interessierten ist der Bereich Kontakt/Media am wichtigsten, deshalb hierüber einige weitere Informationen.

Kontakt

Im Kontakt werden die Konzepte erarbeitet. Der Kontakt stellt diese dem Kunden vor. Er erteilt im Innenbereich die Aufträge an die Grafik. Er überwacht die Gesamtauftragsabwicklung im internen Bereich und auch gegenüber dem Kunden.

Dem Kontakt arbeiten einige Stabsstellen zu, die je nach Agenturgröße unterschiedlich aufgebaut sind. Hierzu gehören z. B. Marktforschung, Text oder Spezialisten für die Entwicklung von Konzeptionen, Verkaufsförderungsaktivitäten etc.

Beim Kontakt unterscheidet man:
– Kundenkontakt,
– Innenkontakt.

Der Kundenkontakter nennt sich in der Agentur vielfach »Kontaktdirektor«. Er führt die Gespräche mit dem Kunden, präsentiert die Vorstellungen der Agentur. Der Innenkontakt arbeitet dem Kundenkontakt zu. Die Mitarbeiter, die hier tätig sind, sind für die Abwicklung innerhalb der Agentur zuständig.

Zum Begriff »Kontaktdirektor« muß folgendes gesagt werden: Die Werbeagenturen sind in der Bezeichnung ihrer Mitarbeiter sehr stark von Amerika beeinflußt. Dort hat der Begriff »Direktor« eine andere Bedeutung als in Deutschland. Ein »Direktor« in Amerika ist ein Abteilungsleiter. Mit einem deutschen Direktor zu vergleichen wäre der amerikanische Begriff »Präsident« oder »Vizepräsident«.

Media

In dieser Arbeitsgruppe werden die Mediapläne erstellt, die Media-Zielgruppen ermittelt und der Kontakt zu den Verlagen, Funk und Fernsehanstalten gehalten. Ebenfalls werden die Media-Aufträge erteilt, die Media-Einschaltung überwacht und die Abrechnung vorgenommen. In diesem Bereich hat die elektronische Datenverarbeitung ihre große Bedeutung in der Werbung. Wer im Mediabereich arbeiten möchte, muß sich auf jeden Fall mit der elektronischen Datenverarbeitung vertraut machen.

Kreativität und Agenturarbeit

Viele junge Menschen haben die Vorstellung, daß in Agenturen vor allem Kreativität verlangt werde. Routinearbeit trete dagegen in den Hintergrund. Hier, in einer Agentur, könne man sich selbst verwirklichen.

Die Enttäuschung ist meist sehr groß, denn in einer Werbeagentur steht die Routinearbeit an erster Stelle. Auf die kreative Leistung entfallen meist höchstens 10% der eigentlichen Tätigkeit. Und diese werden natürlich vorwiegend von den erfahrenen älteren Mitarbeitern ausgeführt.

Erst wer das »Handwerk« beherrscht, kann erfolgreich kreativ tätig sein. Wesentlich ist aber der Zwang zur Zusammenarbeit. Nur wer im Teamwork arbeiten kann und will, wird in einer Agentur Erfolg haben. Die Entwicklung einer Konzeption ist nie die Leistung eines einzelnen, sondern das Ergebnis der kreativen Zusammenarbeit aller. Eine kreative Leistung muß sich darüber hinaus an die Aufgabenstellung des Kunden halten. Sie kann nicht isoliert vom Markt agieren.

Die Frau in der Werbeagentur

Immer mehr junge Damen glauben, in Werbeagenturen einen ihren Fähigkeiten entsprechenden Arbeitsplatz zu finden. Wie sieht es aber in der Praxis aus?

Der Kundenkontakt ist in den meisten Agenturen die Domäne der Männer. 85 bis 90% aller Kundenkontakter sind heute männlich. Im Innenkontakt, also im Bereich der Assistenz, ist die Situation eine andere. Hier ist der Anteil der Frauen relativ hoch. Er liegt teilweise über 60%. Warum sind Frauen mehr in abhängigen Positionen und nicht in Führungspositionen tätig? Dies hat vor allem folgende Gründe:

a) *Karriere-Planung:* Der Mann beginnt normalerweise seine Karriere mit der Absicht, sein Leben lang berufstätig zu sein. Er plant seine Karriere deshalb anders als eine Frau, die meist damit rechnet, Kinder zu bekommen, zu heiraten, und langfristig evtl. eine Halbtags-Beschäftigung anstrebt.

b) *Leistungsbeweis:* Dem Mann traut man heute in Praxis noch mehr zu. Eine Frau muß ihre Leistung beweisen. Frauen müssen deshalb doppelt so gut sein wie Männer, um die gleiche Position zu erhalten. Dieser Faktor wird zwar mit der Zeit an Bedeutung verlieren, heute ist er aber noch relevant.

c) *Betreuungsprobleme:* Ein dreißigjähriger Mann kann auch ältere Kunden problemlos einladen und in einer Gaststätte bezahlen. Als dreißigjährige Frau einen fünfzigjährigen Kunden einzuladen und im Lokal zu bezahlen, ihn evtl. abends in eine Bar zu führen, wird schon etwas schwieriger. Auch um diesen Problemen aus dem Weg zu gehen, nimmt man für den Kontakt deshalb lieber Männer.

d) *Rechtliche Probleme:* Die werdende Mutter unterliegt in unserem Staat einem besonderen Schutz. Die Kosten für diesen Schutz der werdenden Mütter lastet der Staat aber den Unternehmen an. Eine Schwangerschaft kostet den Arbeitgeber relativ viel Geld. Um dieser Eventualität auszuweichen, setzt manches Unternehmen Frauen nur dort ein, wo sie nicht von einem Mann ersetzt werden können, z. B. im Sekretariat. Wenn z. B. in einer mittleren Agentur ausschließlich Frauen beschäftigt werden, und es fallen durch Schwangerschaft zwei oder drei Frauen aus, so kann dies an die Grenzen der Finanzkraft dieses Unternehmens gehen. Der Staat springt in diesem Fall nicht ein.

Diese Situation soll und darf Frauen nicht entmutigen. Sie müssen die Situation kennen, um sich darauf einstellen zu können. Wer das nötige Durchsetzungsvermögen hat, wird es auch in unserer Gesellschaft schaffen. Das zeigt die steigende Zahl von beschäftigten Frauen.

II. EINSTIEG IN DIE MARKETING-KOMMUNIKATION

In der Marketing-Kommunikation gibt es keinen klar vorgegebenen Berufsweg, wie dies z. B. beim Arzt, beim Juristen oder bei einem Lehrer der Fall ist. Hier entscheidet allein die Fähigkeit, nicht das Zeugnis. Woher der einzelne die Fähigkeit hat, interessiert meist weniger. Deshalb gibt es gerade in der Marketing-Kommunikation viele sogenannte »Quereinsteiger«.

Ein Studium bildet eine gute Voraussetzung für den Einstieg in die Marketing-Kommunikation. Unterschiedliche Studiengänge sind möglich. Vor allem sind dies:
– Betriebswirtschaftslehre mit Schwerpunkt Marketing,
– Soziologie, Psychologie, Kommunikationswissenschaften,
– Germanistik, Journalismus, Philosophie (diese Kombination werden die wählen, die sich für »Text« entscheiden).

Diese Studienwege bilden die Basis, auf die auf jeden Fall eine Verbindung zur Praxis gesucht werden muß.

Studium und Praxis

Die Studiengänge an fast allen Universitäten sind vorwiegend theoretisch ausgerichtet. Wir Deutschen sind Meister im Theoretisieren. Darum haben sich auch die Universitäten teilweise von der Praxis abgekoppelt.

Die Studierenden müssen von sich aus den Kontakt zur Praxis suchen, um später im Leben bestehen zu können. Im Bereich des Marketings haben deshalb die Studierenden von sich aus einen Verein gegründet: »Marketing zwischen Theorie und Praxis« (MTP), um für ihren Beruf besser gerüstet zu sein als allein mit der theoretischen Ausbildung an der Universität.

Was sollte nun ein Student tun, um während seines Studiums die Verbindung zur Praxis zu vertiefen, um sich einen besseren Einstieg zu verschaffen. Hierzu wäre folgendes zu raten:

Verfolgen der Fachpresse
Es ist dringend notwendig, die entsprechende Fachpresse laufend zu verfolgen. Zeitungen, wie z. B das *Handelsblatt, FAZ, Welt,* oder den Wirtschaftsteil der Tageszeitungen. Für viele Zeitungen gibt es spezielle Studenten-Abonnements, die auf jeden Fall zu nutzen sind.

Aber auch Fachzeitschriften, wie z. B. die *Absatzwirtschaft,* das *Marketing-Journal* oder *W + V, Copy, Horizont,* sind vor allem für die zu empfehlen, die später im Bereich der Werbung tätig sein möchten. Darüber hinaus ist es noch empfehlenswert, die Wirtschaftssendungen des Fernsehens zu verfolgen. Sie sind meist so aufgebaut, daß man sie auch als Laie verstehen kann.

Fachbücher
Neben den theoretischen Fachbüchern gibt es eine Reihe von praxisorientierten Veröffentlichungen, die eine Verbindung zur Realität herstellen. Gedacht ist hier u. a. an folgende Bücher:
Hans Domizlaff: Die Gewinnung des öffentlichen Vertrauens;
David Ogilvy: Geständnisse eines Werbemannes;
Ernest Dichter: Strategie im Reich der Wünsche;
Vance Packard: Die unsichtbaren Schranken oder Die geheimen Verführer.

Viele praxisorientierte Bücher sind im Econ-Verlag, Düsseldorf, und im Verlag Moderne Industrie, München, erschienen. Der größte Teil dieser Bücher ist so geschrieben, daß sie eine entspannende Lektüre darstellen, die Wissen in gut verpackter Form vermitteln.

Fachvorträge
Die meisten Berufsverbände veranstalten für ihre Mitglieder kostenlos Informationsveranstaltungen. Meist haben Studenten hierzu kostenlos Zutritt. Suchen Sie deshalb Kontakt zu den regionalen Gruppen, z. B. des BDW, des Marketing-Clubs, BVM oder Journalistenvereinigung, um nur einige zu nennen.

Ferienjob
Planen Sie Ihren Ferienjob als berufliche Weiterbildung. Jeder Beruf hat einfachere und qualifiziertere Arbeiten. Während des Ferienjobs sollten Sie sich einfache Arbeiten suchen, z. B. als Fahrverkäufer, als Reisender, als Vertreter, auch als Verkäufer in einem Geschäft, denn viele Fehler im Marketing sind darauf zurückzuführen, daß die Entscheider die Motivation ihrer Untergebenen, z. B. der Reisenden, nicht kennen. Es ist schwer, heute den entsprechenden Ferienjob zu bekommen. Es ist immer eine Frage der Eigeninitiative. Wer einmal zum Arbeitsamt geht, nichts erhält und sagt: es gibt keinen Job, der ist selbst schuld. Eigeninitiative führt fast immer zum Erfolg.

Arbeitssuche nach dem Studium
Der Kommunikationswirtschaft fehlen ausgebildete Mitarbeiter, aber mit einem abgeschlossenen Studium ist man noch keine Fachkraft. Erst die Praxis gibt das notwendige Rüstzeug und die entsprechende Qualifikation. Ein Praktikum wird deshalb in vielen Fällen den Einstieg fördern. Bei der ersten Stellung ist nicht das Gehalt entscheidend, sondern daß man seine Erfahrungen vertiefen kann, um bald den Sprung in die richtige Position zu schaffen.

Frauen haben hier einen Vorteil. Sie können die Zeit bis zu einer geeigneten Position als Sekretärin überbrücken und lernen in diesem Bereich, wenn sie sich die entsprechende Firma ausgesucht haben, auch noch für ihren zukünftigen Beruf.

Eines ist für Männer und Frauen gleich wichtig, und zwar: Schreibmaschine schreiben zu können. Nicht im Zweifingersystem, sondern möglichst perfekt. Sie sind dann im Rahmen ihrer Tätigkeit nicht mehr auf eine Sekretärin angewiesen und können ihren Artikel, Briefe, Ausarbeitungen selbst schreiben. Vor allem diejenigen, die in dem Bereich Text oder Journalismus tätig sein wollen, müssen auf jeden Fall Schreibmaschine schreiben können. Es ist hier eine absolute Voraussetzung.

III. DIE WERBEFACHLICHE AKADEMIE KÖLN

Die Werbefachliche Akademie Köln wurde 1956 gegründet. Sie ist eine private Schule, die von der werbungtreibenden Wirtschaft getragen wird. Das Ziel der WAK ist die Weiterbildung von Kommunikationsfachleuten, vor allem von Personen, die in Agenturen und Werbeabteilungen tätig sind. Besonders wichtig ist die WAK für die sogenannten »Quereinsteiger«, die auf ihrem bisherigen Berufsweg nicht die entsprechenden Vorkenntnisse erwerben konnten.

Die Werbefachliche Akademie Köln hat ihren Sitz in der Glockengasse 4711, dem Traditionshaus der Eau de Cologne Fabrik 4711. Zur Zeit bietet die WAK folgende Lehrgänge an:

a) *Kommunikationswirt WAK*

Es ist dies das zentrale Angebot der WAK. Ein berufsbegleitendes Angebot für Personen, die im Bereich der Marketing-Kommunikation, sei es in Werbeagenturen, PR-Agenturen oder in Firmen, tätig sind. Dieser Lehrgang wird seit Jahrzehnten mit Erfolg angeboten. Er ist *die* Weiterbildung für Werbefachleute.

Lernziele:	Praxisbezogener Überblick über die gesamte Kommunikationsarbeit, z. B. für Mitarbeiter im kaufmännischen Teil einer Agentur oder Werbeabteilung der Industrie.
Zulassung:	Tätigkeit im Bereich der Kommunikation; Mindestalter: 20 Jahre; Studenten, um sich parallel zum Studium auf die Praxis vorzubereiten, werden ebenfalls zugelassen.
Studiendauer:	Abendstudium, 2 Jahre; wöchentlich 3 Abende, 18.15–21.30 Uhr; Beginn jeweils im November eines jeden Jahres.
Kosten:	Gesamtkosten z. Z. DM 4080,– für den gesamten Kurs, incl. Aufnahmegebühr und Prüfungsgebühr. Der Kurs ist AfG-gefördert.
Prüfung:	Instituteigene Prüfung in 20 Fächern mit »Großer Hausarbeit«. IHK-Prüfung: Wer die Voraussetzungen erfüllt, kann an der IHK Köln die Prüfung zum »Werbefachwirt« ablegen.

b) *Fachkaufmann Marketing / Verkaufsförderung*

Ein berufsbegleitendes Studium zur Weiterbildung im Bereich Marketing und Verkaufsförderung. Dieser Lehrgang wird in Zusammenarbeit mit dem BDVT betreut.

Lernziele:	Ziel dieses Lehrgangs ist es, den Studierenden in die Lage zu versetzen, Verkaufsförderungsaktionen im Rahmen einer Marketing-Konzeption planen, organisieren und überwachen zu können.
Zulassung:	Mindestalter von 21 Jahren und mindestens eine einjährige Tätigkeit im Bereich der Verkaufsförderung und/oder des Marketings sowie ein Abschluß in einem anerkannten Lehrberuf.
Studiendauer:	Abendstudium 2 Jahre; wöchentlich 2 Abende, 18.30–21.45 Uhr; Beginn jeweils im Frühjahr.
Kosten:	Aufnahmegebühr DM 100,–; Studiengebühr DM 2880,–; Prüfungsgebühr DM 300,–; AfG-gefördert.
Prüfung:	Instituteigene Prüfung in 16 Fächern und »Große Hausarbeit«. IHK-Prüfung: Wer den Lehrgang absolviert hat, hat damit die Voraussetzung erworben, an der IHK Köln die Prüfung zum »Fachkaufmann Marketing« zu machen.

c) *Werbesachbearbeiter-Lehrgang*

Dieser Kombinations-Lehrgang, der aus Nah- und Fernunterricht besteht, ist besonders geeignet für Personen, die im Bereich der Werbung tätig sind. Der Werbesachbearbeiter-Lehrgang wird in Verbindung mit dem Deutschen Werbeunterricht im J. Iversen-Institut, München, durchgeführt.

Lernziele:	Personen, die nicht ausschließlich im Bereich der Werbung tätig sind, sollen das nötige Rüstzeug erhalten, um werbefachliche Aufgaben erfüllen zu können.

Zulassung:	Keine Beschränkung. Der Teilnehmer muß in der Lage sein, den Vorlesungen zu folgen.
Studiendauer:	ca. 6 Monate: 5 Samstage Nahunterricht, dazwischen Fernunterrichtsblöcke.
Kosten:	DM 1700,–; AfG-gefördert.
Prüfung:	Instituteigene Prüfung mit Zeugnis.

d) *Werbeleiter-Seminar*

Eine Vortragsfolge, in der Fachleute aus Theorie und Praxis über die aktuelle Situation der Werbewirtschaft anhand von Fachvorträgen und Werbefällen berichten.

Lernziele:	Das Werbeleiter-Seminar eignet sich in hervorragender Weise zur Auffrischung und Aktualisierung des werbefachlichen Wissens. Es gibt die Möglichkeit, mit kompetenten Fachleuten zu diskutieren.
Zulassung:	Keine Beschränkung.
Studiendauer:	8 Samstage, 8.45–13.45 Uhr, im Frühjahr eines jeden Jahres.
Kosten:	DM 650,–; DM 550,– für ehemalige Studierende der Werbefachlichen Akademie Köln.
Teilnahmebescheinigung:	Die Teilnehmer erhalten nach Seminarende eine Teilnahmebescheinigung.

Beispiel eines Seminarplans für die Ausbildung zum Werbeleiter an der Werbefachlichen Akademie Köln

WERBELEITER-SEMINAR 20/1986　　　　　　　　　　　　Stand: 2. 1. 1986

Tag	8.45 Uhr – 10.15 Uhr	10.30 Uhr – 12.00 Uhr	12.15 Uhr – 13.45 Uhr
Samstag 15. 2. 86	*Dr. H. G. Herppich* Einführung Marketing und Flops	*Prof. Dr. H. Wehrmann* Aktuelle Probleme des Werberechts	*M. Boenke* Werbefall Sekt
22. 2. 86	*Bundesrichter Alff* Wettbewerbsrecht aus der Sicht des BGH	*H. Dieckmann-Rühl* Kreativität und Werbung	*H. Hossfeld* Werbung im schrumpfenden Markt
1. 3. 86	*P. Kemmerich* Media-Planung und Computer	*B. Rieger* Domizlaff – heute	*B. Barth* Verkaufsförderung in der Praxis
8. 3. 86	*P. Prasse* Exportwerbung Anlage und Steuerung	*Prof. U. Koppelmann* Produktmarketing	*W. Schmidt* Werbefall *N. N.*
5. 4. 86	*Prof. Dr. W. Scheele* Stellung der Werbung im Marketing	*Dr. H. Schneider* Werbewirtschaft und ZAW	*N. N.* Die Sportwerbung Möglichkeiten und Grenzen
12. 4. 86	*Th. Mahnke* Sozial-Marketing Aufgaben – Ziele	*Prof. H. Kraft* Kauf- und Werkverträge in der Werbung	*H. Bretz* Werbefall BHW
19. 4. 86	*N. N.* Produkte sterben an schlechtem Marketing	*Prof. Dr. T. Weller* Der Handel Schlüssel zum Verkauf	*H. Frohn* Anzeigenteste der CMA
26. 4. 86	*N. N.* Bringt Incentive Erfolge?	*Dr. H. Klewes* PR als Teil der Kommunikations-Strategie	*N. N.* Verlage helfen Kunden-Marketing

Änderungen vorbehalten

Daneben werden bei Bedarf spezielle Seminare aus dem Bereich der Marketing-Kommunikation angeboten. Hierzu ergeht eine besondere Einladung.

Interessenten erhalten nähere Auskünfte über das Studienangebot der Werbefachlichen Akademie durch das Sekretariat. Bitte schreiben Sie an:

Werbefachliche Akademie Köln
Glockengasse 4711, 5000 Köln 1
Telefon: 0221/214853

Neben der Werbefachlichen Akademie Köln gibt es noch ähnlich aufgebaute Akademien in Hamburg, Bremen, Hannover, Kassel, Frankfurt, Stuttgart, München und Nürnberg.

Nähere Auskünfte über die werbefachliche Bildung und die möglichen Studienorte erhalten Sie vom ZAW in Bonn:

Zentralausschuß der Werbewirtschaft (ZAW)
Abt. Kommunikation
Postfach 200647, 5300 Bonn 2
Telefon: 0228/351025

GÜNTHER SCHULZE-FÜRSTENOW

DIPR – Deutsches Institut für Public Relations e.V.*

1. EINLEITUNG: ORIENTIERUNGSZIELE

Wer eine Berufsbildungs-Einrichtung für PR-Fachleute vorstellt, steht vor der Frage: Welches Selbstverständnis von Public Relations kann ich voraussetzen? – Denn kaum ein Begriff wurde so oft und so verschiedenartig definiert. Nach wie vor sind Public Relations (PR) Anlaß für Mißverständnisse in Theorie und Praxis – vor allem in den *auch* von PR tangierten Arbeitsfeldern der Manager in Marketing oder Personalwesen, bei Journalisten und in allen anderen »Kommunikations-Berufen«, von Werbung, Verkaufsförderung bis zu Grafik-Design und Product Placement. Und deshalb muß der Versuch einer Antwort dieser Vorstellung einer Berufsbildungs-Einrichtung für PR-Fachleute vorangestellt werden. Denn eine Antwort auf die Frage: *Welches prinzipielle Selbstverständnis von PR als Funktion und Profession in einer pluralistischen Gesellschaft muß heute vorausgesetzt werden?* ist doch zugleich eine Antwort auf die hier nicht ganz unwichtige Frage: *Welche zeitgerechten Kernaussagen über PR liefern die notwendigen Orientierungsziele für die Aus- und Weiterbildung von PR-Fachleuten?*

Drei Kernaussagen zum Selbstverständnis von PR

Auch wenn in diesem Zusammenhang keine alle Aspekte abdeckende Antwort erwartet werden kann, liefern aktuelle Definitionen internationaler und nationaler PR-Berufsverbände und die Arbeiten anerkannter Autoritäten der PR-Fachwelt ausreichende Grundlagen für die heute wesentlichen Gesichtspunkte. Die Frage nach dem heute erforderlichen Selbstverständnis von PR läßt sich danach in drei wichtigen Kernaussagen zusammenfassen:
    1. PR-relevante Kommunikations-Aufgaben können heute nicht allein zweckorientiert verstanden und nur im Eigeninteresse wahrgenommen werden; ihre

---

* Vortrag an der Ruhr-Universität Bochum vom 1. Juli 1986.

soziale und institutionelle Vernetzung mit öffentlichen Interessen erfordert in jedem Fall Ausgleich und Konsens anstrebende, also gesellschaftsorientierte PR-Arbeit.

2. Eine wesentliche Voraussetzung für die wirksame Lösung von Kommunikationsproblemen oder Konfliktsituationen zwischen allen denkbaren Beziehungsfeldern ist dialogorientierte Zwei-Weg-Kommunikation. Anhörung oder Analyse von Erwartungshaltungen sind deshalb notwendige Voraussetzungen für PR-Maßnahmen.

3. Da nicht nur externe, sondern gleichermaßen interne Beziehungsfelder den Wirkungsbereich von PR bestimmen, müssen beide als integrierte Handlungsebenen wirksamer Öffentlichkeitsarbeit angesehen werden. Mitglieder oder Mitarbeiter eines Beziehungsträgers sind Teil der Öffentlichkeit und müssen als wichtige (weil besonders glaubwürdige) Multiplikatoren angesprochen werden.

Aspekte für ein berufliches Anforderungsprofil

Das damit skizzierte Selbstverständnis von PR muß hier noch durch drei spezielle auf die Grundlagen der Aus- und Weiterbildung von PR-Fachleuten bezogene Forderungen ergänzt werden (damit theoretischer Anspruch und künftig praktizierte Umsetzung nicht zu sehr auseinanderklaffen):

1. Ein zeitgerechtes Selbstverständnis von PR stellt an PR-Fachleute in leitender oder verantwortlicher Position Ansprüche, die auch in vergleichbarer Managementfunktion üblich sind. PR sind Managementfunktion. Entsprechende Kenntnisse und Beherrschung von Methoden der Analyse und Strategie-Entwicklung, der Problemlösung, Entscheidungsfindung und Organisation sowie betriebswirtschaftliches Basiswissen oder eine fundierte Ausbildung in einem anderen Fachbereich (Naturwissenschaften, Technik, Medizin, Politik etc.) sind dann Voraussetzung.

2. Ergänzend kann auf Talent oder Urteilsfähigkeit in den kreativen Arbeitsfeldern der zielgruppengerechten Umsetzung von Text-/Bildaussagen oder andere persönlichkeitsgebundene Eigenschaften, wie ausgeprägte Kontakt- und Kommunikationsfähigkeit, nicht verzichtet werden. Vorhandene Talente, ob kreativ oder beziehungsorientiert, müssen erkannt, gefördert und in Verbindung mit PR-theoretischem Wissen professionell ausgebildet werden.

3. Schließlich ist PR-Arbeit kaum etwas für Solisten, sondern erfordert in besonderem Maße Teamfähigkeit. Arbeiten im Team ist lernbar und muß trainiert sein. Wie heute schon in vielen anderen Berufsfeldern ist auch erfolgreiche PR-Arbeit das Ergebnis guter Zusammenarbeit von Spezialisten unterschiedlicher Qualifikation und Begabung.

Diese Aussagen zum aktuellen Selbstverständnis der PR als Funktion, ergänzt durch wesentliche Aspekte für ein berufliches Anforderungsprofil, können auch als prinzipielle Lernzielvorgabe für die Aus- und Weiterbildung von PR-Fachleuten angesehen werden. Und daraus abgeleitete Rahmen-Lernziele waren seit 1981 verbindlich für die Gestaltung unserer Seminar- und Trainingsprogramme im DIPR. Und sie sind es nach wie vor.

2. ANGEBOT UND PROGRAMM

Als Übergang von dieser Einleitung zur eigentlichen Vorstellung des DIPR eignet sich wohl folgendes Zitat aus der »Wirtschaftswoche« (Nr. 41/5. 10. 1984). In einem Titel-Report über Public Relations heißt es:
»Zum methodischen Rüstzeug gehört heute zweifellos mehr, als nur für Publicity sorgen zu können: ein solider Fundus aus den Erkenntnissen der sozialwissenschaftlichen Forschung, die Vertrautheit mit dem breitgefächerten PR-Instrumentarium und die Fähigkeit, strategisch angelegte Konzeptionen zu entwickeln.« Zwei Absätze weiter beantwortet das Magazin die rhetorische Frage »Wo aber kann man das lernen?« mit dem Hinweis auf das DIPR. Und der Autor meint: »[...] so nützlich PR als Lehrangebot an den Universitäten ist – vieles spricht dafür, daß sich die freien Kompaktseminare als wichtigste Ausbildungsform durchsetzen werden.«

Das Deutsche Institut für Public Relations e. V. (DIPR) ist 1971 auf Anregung von damaligen Vorstandsmitgliedern der Deutschen Public Relations-Gesellschaft (DPRG) gegründet worden. Als Standesorganisation der in der Bundesrepublik tätigen PR-Fachleute wollte die DPRG damit vor allem eine Aus- und Weiterbildungseinrichtung für den Nachwuchs initiieren, und diese Einrichtung sollte nicht nur für DPRG-Mitglieder offen sein.

Der regelmäßige Seminarbetrieb begann im Herbst 1974. Seitdem wurden im DIPR etwa 1500 Seminarteilnehmer geschult. Und es hat sich zu einer erfolgreichen Berufsbildungs-Einrichtung entwickelt; – laut »Wirtschaftswoche« hat das DIPR inzwischen ein »ausgereiftes Lehrangebot [...] in Theorie und Praxis up to date«. Nicht nur Anfänger und Nachwuchskräfte, sondern auch viele bereits mehrere Jahre in der Praxis stehende PR-Leute, auch solche in verantwortlicher Funktion, haben an DIPR-Seminaren teilgenommen.

Ausschnitt aus dem Programm des DIPR (Hamburg)

DIPR-Seminarprogramm (2. Halbjahr 1987)

Das Grundseminar G1 ist die Eingangsstufe für das DIPR-Trainingsprogramm. Nur Absolventen eines **G1** haben Zugang zum Folgeseminar **G2**, dessen erfolgreicher Abschluß durch das anerkannte **DIPR-Zertifikat** bestätigt wird. G3-Aufbauseminare sind nur für G2-Absolventen offen.

DIPR-Grundseminare
(Seminarleitung: Günther Schulze-Fürstenow, Co-Dozent: Arnold G. Stapel)

42. Grundseminar **G1**	Anreise Samstag 12. September Abreise Samstag 19. September
43. Grundseminar **G1**	Anreise Samstag 31. Oktober Abreise Samstag 7. November
33. Grundseminar **G2**	Anreise Donnerstag 19. November Abreise Freitag 27. November

DIPR-Aufbauseminar (4. G3) Anreise Sonntag 11. Oktober
Kreative Umsetzung von PR-Strategien Abreise Freitag 16. Oktober
(G. Schulze-Fürstenow mit Gastreferenten und Fallstudien aus der Praxis)

DIPR-Fachseminare

Pressearbeit/Journalistik Anreise Sonntag 20. September
Günther Schulze-Fürstenow Abreise Donnerstag 24. September

Konzeption innerbetrieblicher Medien Anreise Freitag 25. September
Günther Schulze-Fürstenow Abreise Sonntag 27. September

Corporate Identity Anreise Sonntag 8. November
Wilfried Klewin (BBC) Abreise Dienstag 10. November

Veranstaltungsort:
KurParkhotel, 6702 Bad Dürkheim, (Intercity-Bhf. Mannheim oder A 61)

Informationen/Anmeldungen über: **DIPR-Seminarplanung**
Büro Schulze-Fürstenow
Postfach 520 242, 2000 Hamburg 52
Telefon 040 - 88 11 555 oder 890 35 93

Die Bundesanstalt für Arbeit ist DIPR-Mitglied

Laut Satzungstext stellte sich das DIPR von Anfang an »die Aufgabe, Aus- und Weiterbildungs-Maßnahmen über Public Relations zu entwickeln und durchzuführen«. In der am 14. November 1981 neugefaßten Satzung heißt es dann ergänzend in § 2 Abs. 2:
»Mit seinem Trainingsprogramm zur Aus- und Weiterbildung von PR-Fachleuten in regelmäßig stattfindenden Grund- und Fachseminaren ist der Verein *eine Berufsbildungseinrichtung im Sinne des § 1 Abs. 5 des Berufsbildungsgesetzes* (BBiG), und zwar *für Angehörige des PR-Berufes*. Der Verein vermittelt im Rahmen seines Trainingsprogramms für die Ausübung einer qualifizierten Tätigkeit sowohl notwendige fachliche Fertigkeiten und Grundkenntnisse (Berufsausbildung) als auch spezielle oder vertiefende Kenntnisse (berufliche Fortbildung), entsprechend der Zielsetzung des § 2 Abs. 2 und 3 BBiG.« – Gemäß § 3 der Satzung verfolgt das DIPR »ausschließlich und unmittelbar gemeinnützige Zwecke«, ist »uneigennützig tätig«.

Schon seit 1974 ist das Aus- und Weiterbildungsprogramm des DIPR von der Bundesanstalt für Arbeit, Nürnberg, als individuell förderungswürdig anerkannt. Die Bundesanstalt ist selbst Mitglied im DIPR. Und wenn auch die Förderung nach dem Ausbildungsförderungs-Gesetz (AFG) inzwischen etwas eingeschränkt worden ist, hat das DIPR noch regelmäßig Teilnehmer, die entsprechende Zuwendungen in Anspruch nehmen können.

Ausbildung beginnt beim DIPR mit den beiden Grundseminaren G1 und G2. Diese jeweils einwöchigen Seminare vermitteln nicht nur einen umfassenden und praxisorientierten Überblick über Ziele, Aufgaben und Mittel methodischer Öffentlichkeitsarbeit. Die nach dem Prinzip *learning by doing* gestalteten Trainingsprogramme machen auch deutlich, wie wichtig gerade im PR-Bereich die Teamfähigkeit jedes einzelnen ist.

In dem bereits erwähnten Titel-Report der »Wirtschaftswoche« heißt es dazu: »Das Lehrangebot reicht von journalistischen Techniken über die Simulation kniffliger Interviews bis zur Bearbeitung komplizierter Fallstudien mit einer kompletten Konzeption als Ergebnis. Dabei sind nicht spektakuläre Aktionen gefragt, sondern die Planung eines auf Jahre angelegten Prozesses der Vertrauensbildung.« Und weiter: »Die Didaktik in den beiden aufeinander aufbauenden Grundkursen ist professionell. Das Lernen geschieht im Team, denn erfolgreiche Präsentationen gelingen nur, wenn die Zusammenarbeit in der Gruppe klappt.«

Jedes DIPR-Seminar hat eine unterschiedliche Teilnehmerstruktur und ist – wenn man so will – eine Premiere. Es gibt zwar einen festgelegten Programmablauf, aber keine Vortragsmanuskripte. Seminarleiter und Referenten verstehen sich als Trainer und Moderatoren. Sie stellen die (in Seminarpapieren zusammengefaßten) Lehrinhalte in Kurzreferaten und Lehrgesprächen vor. Anschließend werden Gruppen- oder Einzelaufgaben gelöst. Dabei wenden die Teilnehmer nicht nur das Gehörte an, sondern bringen auch eigene Erfahrungen ein. Die anschließende Präsentation der Arbeitsergebnisse gibt den Trainern Gelegenheit zur Ergänzung, Vertiefung oder auch Korrektur in offenen Lehrgesprächen mit starkem Praxisbezug. Die Teilnehmer können so gewonnene Erfahrungen in den nächsten Lernschritt übertragen, was eine allmähliche Steigerung der Anforderungen möglich macht.

Bei der Umsetzung der Fallstudien geht es für die Seminarteilnehmer um die Entwicklung mittelfristiger Kommunikationsstrategien. Diese haben zum Ziel, die internen und externen Beziehungen zu verbessern; Beziehungsträger sind zum Beispiel (wahlweise) ein Dachverband, ein Konsumgüter-Unternehmen, eine Non-Profit-Organisation oder ein Investitionsgüter-Unternehmen.

Die Teilnehmer sollen dabei lernen, das vielseitige PR-Instrumentarium zielgruppengerecht und vor allem methodisch einzusetzen. Eine vom DIPR 1980/81 entwickelte und 1985/86 fortgeschriebene Konzeptionsmethode erleichtert diese Aufgabe. (Sie wird zum Schluß unter dem Stichwort »Konzeptionstechnik« als DIPR-Modell noch vorgestellt.)

Die Lehrinhalte der Grundseminare G1 und G2

Methodik der Public Relations: Aufgaben und Ziele, Kontaktfelder der Public Relations und Human Relations (externe und interne Beziehungen), Zielgruppen und Meinungsbildner (Opinion Leaders), Medien (Kommunikationsmittel und Kommunikationsträger), Situationsanalyse als Basis methodischer PR, Methodik der Wirkungskontrolle, Aufbau und Ablauf methodischer PR-Arbeit.

Organisation und Berufsbild: Die vier Grundfunktionen der PR-Arbeit, Organisation und Aufbau einer PR-Abteilung/-Agentur, Aufgaben einer PR-Agentur/einer Presseabteilung, das Berufsbild der PR-Leute, der Berufsverband DPRG, nationale und internationale Standesorganisationen.

Konzeptionstechnik: Das DIPR-Modell: 1. Datenerfassung und Analyse der Ist-Fakten (Stärken/Schwächen, Problemlage und Aufgabenstellung). 2. Integrierte PR-Strategie (interne und externe Ziele, Aussageinhalte, Zielgruppen und Medien). 3. PR-Programm (kreative Umsetzung, Zeit- und Kostenplanung, taktischer Zeit- und Maßnahmenplan für interne und externe Maßnahmen). 4. Realisation. Diese Phase wird im Seminar simuliert als Rollenspiel, Teilaufgabe oder journalistische Einzelübung (s. a. grafische Darstellung des Ablaufschemas am Schluß dieses Beitrages).

Pressearbeit/Journalistik: Journalistische Mitteilungsformen, Struktur und

Elemente der Nachricht, die drei Grundformen des Berichts, Innenorganisation einer Zeitungsredaktion, Einzelübungen: Meldungen für verschiedene Medien, Kurzfassung einer Rede, Pressearbeit in kritischer Situation, Manuskriptformalien.

Praxis der Public Relations: Ermittlung der Zielgruppen (intern/extern), Bestimmung zielgruppengerechter Medien, Situationsanalyse mit »Bordmitteln«, Arbeitsschritte methodischer PR-Arbeit, Ausschreibungsvorgabe für ein Forschungsinstitut, Vorbereitung einer Pressekonferenz, Konzeption eines Pressedienstes, einer Standortzeitung, Vorbereitung von Veranstaltungen, Kostenkalkulation und Kostenplanung für verschiedene PR-Projekte, Durchführung eines Telefon-Interviews, Recherche und Sekundärquellen-Nutzung, Standort-PR und Pressekontakt.

Kommunikationstraining: Konferenztechniken, kontrollierter Dialog, Verhalten in der Gruppe, Regeln für die Arbeit im Team, Präsentation von Arbeitsergebnissen, Rollenspiel und Verhaltensanalyse anhand von Video-Aufzeichnungen.

Diese Lehrinhalte werden den Seminarteilnehmern der beiden Grundseminare an sieben Arbeitstagen (G1) und nach zwei bis sechs Monaten in weiteren acht Arbeitstagen (G2) in etwa 150 bis 160 Trainingsstunden vermittelt. So wie die deutschen Zeitungsverlage seit einigen Jahren ihre Redaktions-Volontäre auf vier- bis sechswöchige Blockseminare schicken, wird von immer mehr Arbeitgebern dieses 15tägige Grundseminarangebot des DIPR als Ergänzung zur praktischen Ausbildung von Nachwuchskräften oder Volontären genutzt, auch in Verbindung mit zusätzlichen Fachseminaren. (Das Fachseminar-Angebot im DIPR wird noch gesondert behandelt.)

Gemessen am Berufsalltag oder gar Studienrhythmus der Universitäten müßte dieses Intensivtraining nicht zwei, sondern vier bis sechs Wochen Seminarzeit in Anspruch nehmen. Viele Studenten absolvieren die gleiche Stundenzahl nicht einmal im Laufe eines Semesters. Doch gerade die im DIPR bewährte Methode des ausgewogenen Wechsels zwischen Informations- und Anwendungsschritten macht den Erfolg dieser Seminare aus. Hinzu kommt das vom Berufsalltag abgesetzte Gruppenerlebnis. Es verstärkt die Motivation der Teilnehmer.

Dementsprechend positiv haben Teilnehmer die Gestaltung und Durchführung der Seminare des DIPR bewertet; während der Jahre von 1980 bis 1985 geschah dies mit zunehmender Tendenz. Im Fünf-Jahres-Durchschnitt stimmten mit »sehr gut« 51 Prozent, mit »gut« 47 Prozent.

Wer kommt zu den Grundseminaren?

Etwa die Hälfte der Teilnehmer hat keine oder weniger als zwei Jahre Berufserfahrung, jeweils ein Viertel ist zwei bis fünf Jahre im PR-Bereich tätig oder schon länger als fünf Jahre. Ein Drittel hat als Vorbildung ein Universitäts- oder Fachhochschul-Diplom. Darunter ist eine ganze Reihe »Umsteiger«, zum Beispiel Pädagogen, oder »Seiteneinsteiger«; d. h. Techniker oder Naturwissenschaftler, die einen Kommunikationsberuf mit fachlichem Schwerpunkt anstreben. Zu diesem Aspekt heißt es in dem bereits mehrfach zitierten Titel-Report der »Wirtschaftswoche«: »[...] das Handwerk der Öffentlichkeitsarbeit ist das klassische Produkt einer Zusatzausbildung, gegründet auf eine nahezu beliebige Fachqualifikation.«

Und noch eine Information zur Teilnehmerstruktur der DIPR-Seminare: Junge Frauen drängen mehr und mehr in diesen Beruf. Lag ihr Anteil von 1978 bis 1983 bei etwa 40 Prozent, so stieg er bis 1986 auf über 50 Prozent. – Vielleicht liegt es aber auch daran, daß Abteilungsleiter lieber ihre Assistentinnen auf Seminare schicken, als sich selbst zu bemühen.

Zusätzlich: Aufbau- und Fachseminare

Seit 1985 wird in Ergänzung zu den beiden Grundseminaren G1 und G2 ein Aufbauseminar G3 angeboten. Es dauert jeweils fünf Tage und hat den Titel »Kreative Umsetzung von PR-Strategien«. Als Ergebnis einer bei G2-Absolventen aus den Jahren 1980 bis 1984 durchgeführten Umfrage ist ein Programm zur Weiterentwicklung der kreativen Urteilsfähigkeit entstanden: Praktiker und Fachleute vermitteln anhand von beispielhaften Lösungen aus unterschiedlichen Kreativbereichen Anregungen und fundiertes Hintergrundwissen. Aufgaben bieten Gelegenheit, die neuen Kenntnisse gleich anzuwenden oder in Gruppenarbeit auszuprobieren.

In der Weiterbildung und für Grundseminarabsolventen macht das DIPR ein Ergänzungsangebot mit Fachseminaren zu bestimmten Themen. Während G2-/G3-Seminare nur Absolventen der vorausgegangenen Stufe zugänglich sind – G2 nur für G1- und G3 nur für G2-Absolventen – sind DIPR-Fachseminare für jeden offen.

Bis 1985 gab es sieben Fachseminare »Corporate Identity« (2,5 Tage), geleitet von BBC-Direktor Wilfried Klewin. Ebenso oft war mein Fachseminar »Pressearbeit/Journalistik« (4 Tage) ausgebucht. Beide werden mindestens einmal jährlich angeboten. Ebenso das 2,5-Tage-Seminar »Konzeption innerbetrieblicher Medien«. Die aktuelle Nachfrage entscheidet über eine Erweiterung des Angebotes. Geplant sind auch Informationsseminare über Notwendigkeit und Chancen der Öffentlichkeitsarbeit für Inhaber und Geschäftsführer mittelständischer Unternehmen sowie Fachseminare zu den Themen »Rhetorik« und »Präsentationstechniken«.

Die Trainer und Referenten der Grund- und Fachseminare des DIPR haben die Lehrinhalte des Trainingsprogrammes aus der Praxis heraus entwickelt. Der Stoff wurde so aufbereitet, daß er den pädagogisch-didaktischen Prinzipien zeitgemäßer Erwachsenenbildung entspricht. Übungsaufgaben werden fortgeschrieben und aktualisiert.

Wichtiger Qualifikationsnachweis bei Bewerbungen

Die Referenzliste der Entsender, die ihre Mitarbeiter beim DIPR haben schulen lassen, verzeichnet über zweihundert nationale und internationale Institutionen, Verbände, Behörden und Einzelunternehmen nahezu aller Branchen. International tätige Unternehmensgruppen – wie IBM oder Lufthansa – haben Dutzende ihrer in den PR-Stäben arbeitenden Nachwuchskräfte vom DIPR in eine übereinstimmende Konzeptionsmethode einweisen lassen. Aber auch mittelständische Unternehmer schicken ihre im Unternehmen arbeitenden Söhne und Töchter zum DIPR, um ihnen wichtiges Kommunikations-Know-how mit auf den Weg zu geben.

Am Arbeitsmarkt für PR-Nachwuchskräfte ist das Abschlußzertifikat der DIPR-Grundseminare inzwischen ein wichtiger Qualifikationsnachweis bei Bewerbungen. In diesem Zusammenhang muß die vom »Wuppertaler Kreis e. V.« beschlossene Aufnahme des DIPR erwähnt werden. Diese Deutsche Vereinigung zur Förderung der Weiterbildung von Führungskräften (so der Untertitel) hat etwa 30 Mitgliedsinstitute, deren Weiterbildungsangebote einen bestimmten Qualitätsanspruch erfüllen müssen. Zu den Mitgliedern gehören nicht nur das Institut der Deutschen Wirtschaft (IW) in Köln und regionale Bildungswerke der Wirtschaft, sondern auch die Deutsche Gesellschaft für Personalführung, das REFA-Institut und die Technischen Akademien in Esslingen und Wuppertal sowie das Universitätsseminar der Wirtschaft in Erftstadt.

So gilt heute das Aus- und Weiterbildungs-Programm des DIPR als vorbildlich; für die Vermittlung theoretischer Lehrinhalte ebenso wie für den Praxisbezug. Und offensichtlich nicht nur in der Bundesrepublik, wie regelmäßige Anfragen und Teilnehmer aus Österreich und der Schweiz beweisen.

3. PR-AUSBILDUNGSWEGE

Soweit der Überblick. Bevor ich abschließend noch einmal das Kernstück methodischer PR-Ausbildung im DIPR vorstelle, die bereits erwähnte Konzeptionstechnik nach dem DIPR-Modell, sollten Sie etwas über PR-Ausbildungswege erfahren. Hier interessiert vor allem der Zugang zum PR-Beruf für Hochschulabsolventen oder Studenten ohne Abschluß. »Seiteneinsteiger« und PR als Zusatzqualifikation wurden bereits erwähnt. Deshalb sei hier noch einmal darauf hingewiesen, daß nicht nur Akademiker der Fachrichtung Publizistik/ Kommunikationswissenschaft PR-Berufe anstreben.

In der Praxis gibt es immer noch keinen verbindlich geregelten Berufsweg für PR-Fachleute. Was heute üblich und möglich ist, habe ich zu einer grafischen Übersicht zusammengestellt. Diese Abbildung macht zugleich deutlich, welche Möglichkeiten das Weiterbildungsangebot des DIPR bietet:

Der häufigste Weg (A1) geht über ein verkürztes Volontariat von einem, höchstens eineinhalb Jahren mit ebenfalls verkürzter Assistentenzeit (1 Jahr). Die Grundseminar-Zertifikate der PR-Weiterbildung werden Akademikern jetzt schon oft als Teil-Volontariat angerechnet (A2). Sie können sogar in Verbindung mit dem PR-Aufbaustudium oder anderen Studienabschlüssen, die ein integriertes Praktikum enthalten, direkt in eine Position als PR-Referent/PR-Kontakter führen (C); meistens wird aber doch ein Jahr Assistentenzeit verlangt (B), auch als Einarbeitungszeit mit entsprechendem Trainee-Gehalt.

In der ersten Berufsposition bleiben Akademiker meistens auch nur zwei Jahre, bevor ihnen mehr Verantwortung übertragen wird. Sie können dann schon etwa drei bis vier Jahre nach Verlassen der Uni in selbständiger oder leitender Funktion arbeiten.

Dennoch: Einen möglichst eindeutigen und einheitlichen Ausbildungs-Rahmenplan oder eine verbindliche Empfehlung für Arbeitgeber einzuführen, wäre eine verdienstvolle Aufgabe; für die Gremien aus Industrie und Wirtschaft und die Berufsverbände. Das wiederum ist abhängig vom Selbstverständnis der PR bei allen Beteiligten.

4. KONZEPTIONELLE BASIS

Damit komme ich zurück zu den drei Kernaussagen der Einleitung über das heute notwendige Selbstverständnis von PR als Funktion in unserer pluralistischen Gesellschaft. Wieweit das Aus- und Weiterbildungsangebot im DIPR diesen drei Kernaussagen entspricht, belegt am besten die dem Nachwuchs in unseren Grundseminaren vermittelte Konzeptionstechnik.

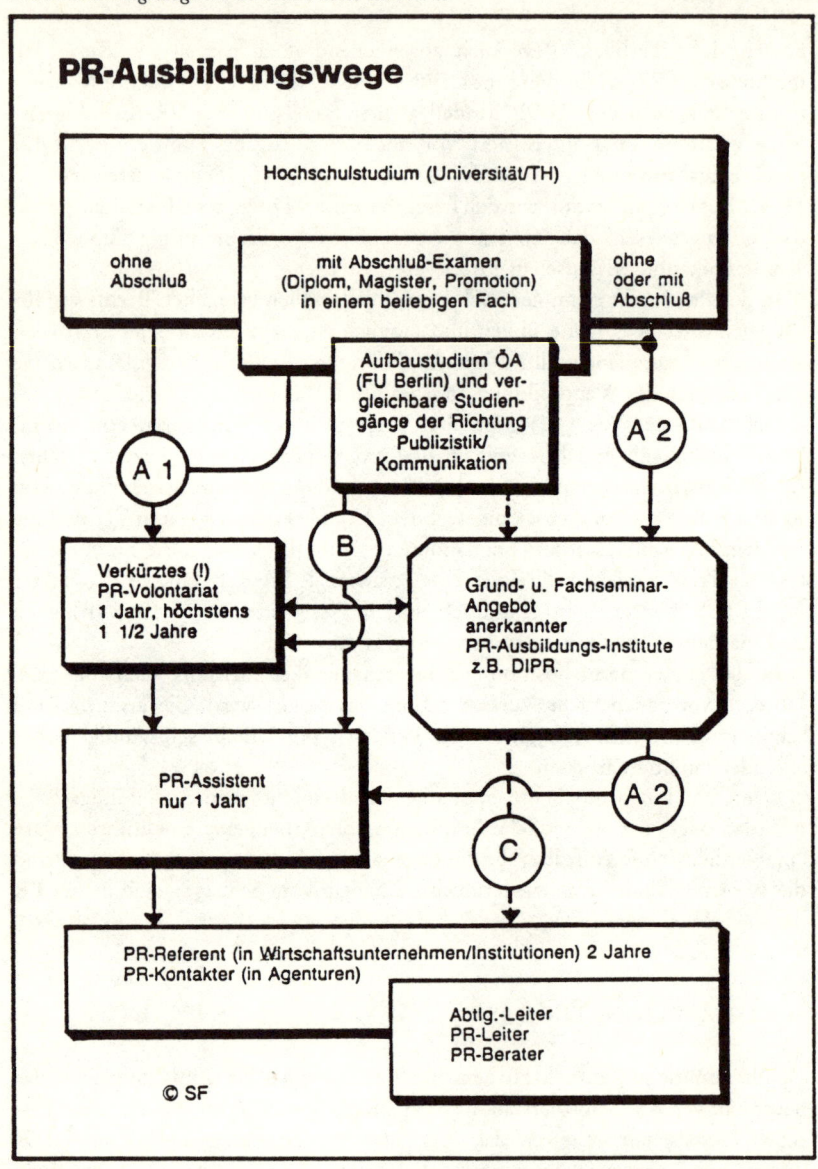

Die Ausbildungswege im Bereich Public Relations

PR-Ausbildungswege

Hochschulstudium (Universität/TH)

ohne Abschluß

mit Abschluß-Examen (Diplom, Magister, Promotion) in einem beliebigen Fach

ohne oder mit Abschluß

Aufbaustudium ÖA (FU Berlin) und vergleichbare Studiengänge der Richtung Publizistik/Kommunikation

(A 1)

(A 2)

(B)

Verkürztes (!) PR-Volontariat 1 Jahr, höchstens 1 1/2 Jahre

Grund- u. Fachseminar-Angebot anerkannter PR-Ausbildungs-Institute z.B. DIPR.

PR-Assistent nur 1 Jahr

(A 2)

(C)

PR-Referent (in Wirtschaftsunternehmen/Institutionen) 2 Jahre
PR-Kontakter (in Agenturen)

Abtlg.-Leiter
PR-Leiter
PR-Berater

© SF

Die Ablaufphasen methodischer PR-Arbeit sind bekannt und werden so oder ähnlich in der Fachliteratur beschrieben: 1. Bestandsaufnahme und Bewertung der IST-Situation, auch Situationsanalyse. – 2. Erarbeitung einer Kommunikations-Strategie (Ziele, Zielgruppen, SOLL-Vorgabe/Botschaft/PR-Thema und Hauptinstrumente für deren Verbreitung). – 3. Umsetzung der Strategie in geeignete Maßnahmen sowie Zeit- und Kosten-Planung. – 4. Realisation der Maßnahmen und Wirkungskontrolle.

Entspricht dieser – heute noch überwiegend auf externe Zielgruppen ausgerichtete – konzeptionelle Ansatz den aktuellen Erfordernissen gesellschaftsorientierter PR-Arbeit? Falls die am Anfang genannten drei Kernaussagen zum Selbstverständnis von PR dabei berücksichtigt werden, kann diese Frage bejaht werden. Danach sollten (noch einmal zur Erinnerung) Public Relations 1. nicht allein zweckorientiert und nur im Eigeninteresse verstanden werden, 2. dialogorientiert sein, die Erwartungshaltungen aller Zielgruppen untersuchen, schließlich 3. sich nicht nur auf externe Zielgruppen konzentrieren, sondern interne und externe Beziehungsfelder miteinander vernetzen. Das hier vorgestellte Ablaufschema entspricht den Forderungen der drei Kernaussagen. Ich nenne es DIPR-Modell nach den Anfangsbuchstaben der vier Phasen: 1. Datenerfassung und Analyse, 2. Integrierte PR-Strategie, 3. PR-Programm und 4. Realisation (s. a. Schemazeichnungen auf den Folgeseiten).

In Phase 1 wird nach der Situationsanalyse auf die mögliche Konfliktsituation hingewiesen, die sich aus einem Spannungsfeld zwischen Eigeninteressen und öffentlichen Interessen ergeben kann. Der Konsensanspruch beeinflußt bereits die Aufgabenstellung. Situationsanalyse (Phase 1) und Wirkungskontrolle (Phase 4) gehen von Fakten aus, die sich u. a. aus sozialwissenschaftlich abgesicherter Meinungsforschung ergeben. Bewertungen und Erwartungshaltungen und sich daraus ableitende Schwächen werden ebenso berücksichtigt wie die Stärken.

Und schließlich vollzieht das DIPR-Modell bereits ab Phase 1 die Integration interner und externer Beziehungsfelder. Daß in Phase 2 beim Schritt »Ziele« meßbare Ziele gefragt sind und anschließend vor dem Schritt »PR-Botschaft« die »Einheit von Wort und Tat« gefordert ist, versteht sich in der Praxis leider immer noch nicht von selbst. Doch wer nicht Gefahr laufen will, daß Public Relations sich zum gesellschaftlichen Nullwert reduzieren, muß den Wandel zur gesellschaftsorientierten Öffentlichkeitsarbeit akzeptieren. (Dieser Ausspruch stammt sinngemäß von DPRG-Ehrenmitglied Hartmut Stollreiter.) – Der Wandel beginnt für mich mit einer zeitgerechten Anpassung der konzeptionellen Grundlagen für professionelle PR-Arbeit in der Aus- und Weiterbildung für Nachwuchskräfte.

Nur auf Tagespublizität und spektakulären Aktionismus fixierte PR-Techno-

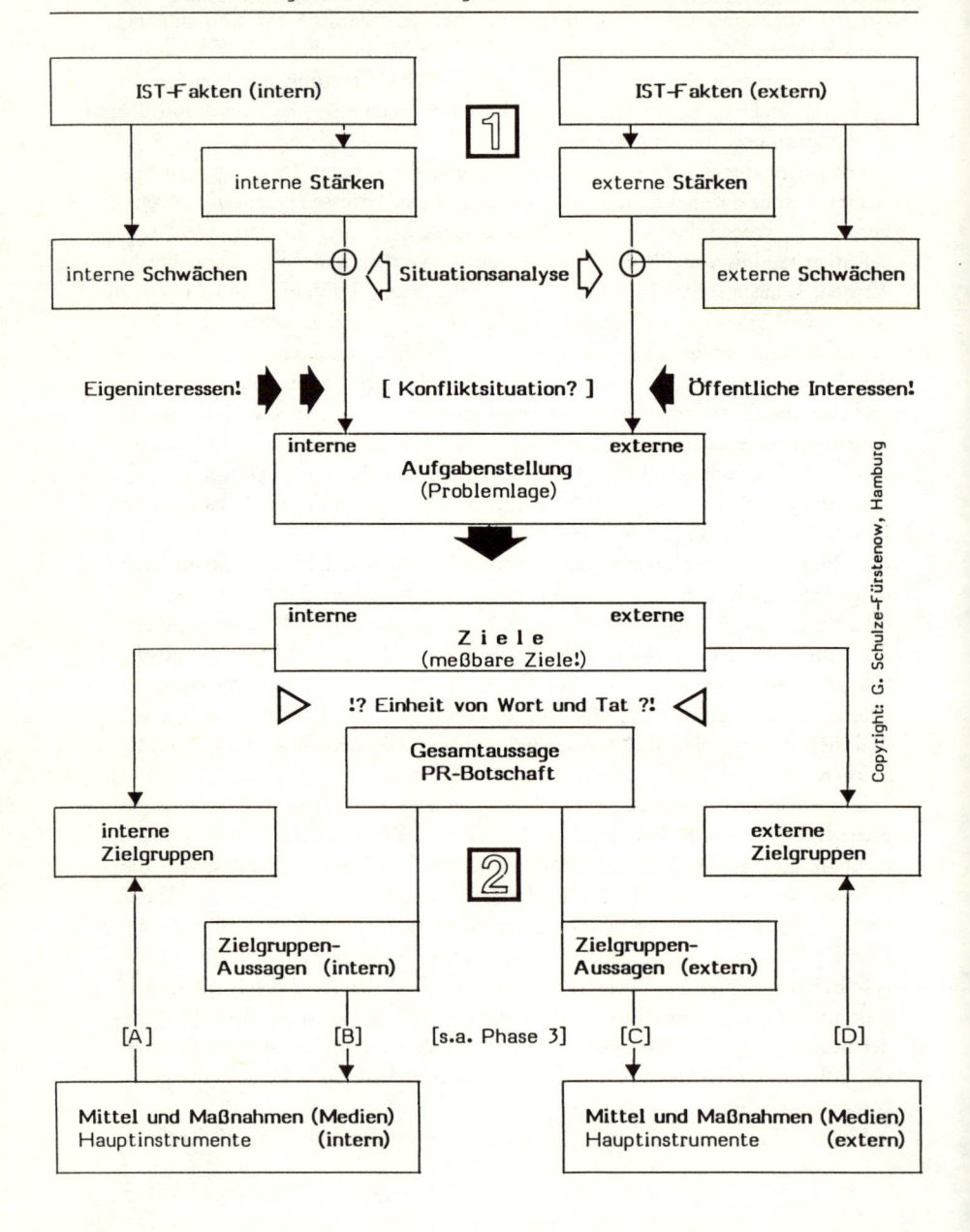

Abbildung 1: **Ablaufschema der Phasen 1** (Datenerfassung u. -Bewertung)
  und 2 (Integrierte PR-Strategie) * D I P R - MODELL * (Forts.Abb. 2)

```
┌─────────────────────────┐                    ┌─────────────────────────┐
│   IST-Fakten (intern)   │         [1]        │   IST-Fakten (extern)   │
└─────────────────────────┘                    └─────────────────────────┘
              │                                              │
              ▼                                              ▼
        ┌──────────────┐                              ┌──────────────┐
        │ interne Stärken │                           │ externe Stärken │
        └──────────────┘                              └──────────────┘
              │                                              │
              ▼                                              ▼
   ┌──────────────────┐  ⊕  ⟨ Situationsanalyse ⟩  ⊕   ┌──────────────────┐
   │ interne Schwächen │                               │ externe Schwächen │
   └──────────────────┘                               └──────────────────┘
```

Eigeninteressen! ▶▶   [Konfliktsituation?]   ◀ Öffentliche Interessen!

```
   interne                                 externe
   ┌────────────────────────────────────────────┐
   │            Aufgabenstellung                │
   │             (Problemlage)                  │
   └────────────────────────────────────────────┘
                       ▼
   interne                                 externe
   ┌────────────────────────────────────────────┐
   │               Z i e l e                    │
   │            (meßbare Ziele!)                │
   └────────────────────────────────────────────┘
```

Copyright: G. Schulze-Fürstenow, Hamburg

▷ !? Einheit von Wort und Tat ?! ◁

```
              ┌──────────────────┐
              │   Gesamtaussage  │
              │   PR-Botschaft   │
              └──────────────────┘
                       │
              [2]
┌──────────────┐                        ┌──────────────┐
│   interne    │                        │   externe    │
│  Zielgruppen │                        │  Zielgruppen │
└──────────────┘                        └──────────────┘

         ┌──────────────────┐      ┌──────────────────┐
         │  Zielgruppen-    │      │  Zielgruppen-    │
         │  Aussagen (intern)│     │  Aussagen (extern)│
         └──────────────────┘      └──────────────────┘

   [A]         [B]     [s.a. Phase 3]   [C]         [D]

┌─────────────────────────────┐     ┌─────────────────────────────┐
│ Mittel und Maßnahmen (Medien)│    │ Mittel und Maßnahmen (Medien)│
│ Hauptinstrumente   (intern)  │    │ Hauptinstrumente   (extern)  │
└─────────────────────────────┘     └─────────────────────────────┘
```

Fortsetzung **Konzeptionstechnik:** D I P R - MODELL
Abbildung 2: **Ablaufschema der Phasen 3** (PR-Programm) **und 4** (Realisation)

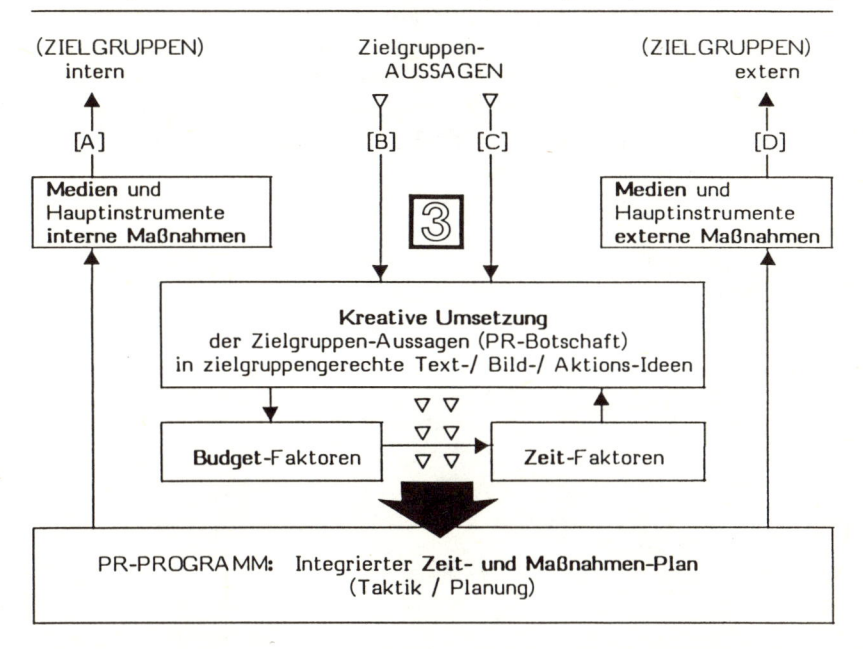

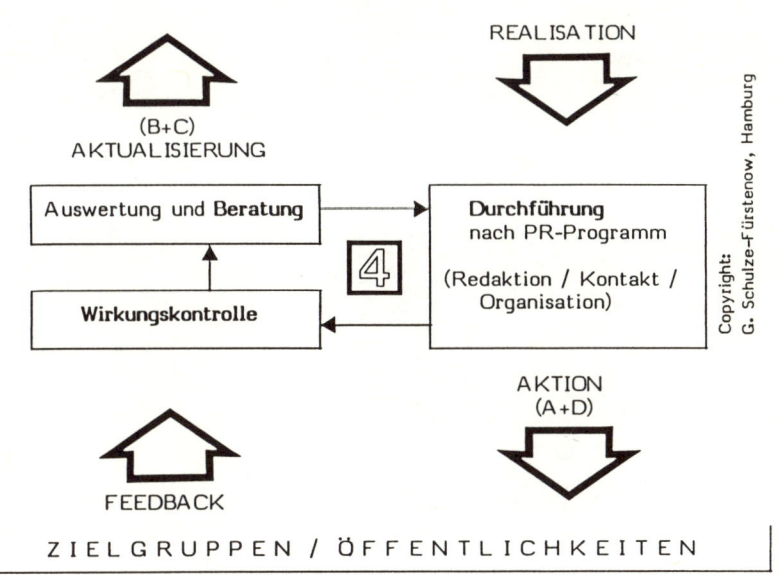

(ZIELGRUPPEN) intern   Zielgruppen-AUSSAGEN   (ZIELGRUPPEN) extern

[A]   [B]   [C]   [D]

Medien und Hauptinstrumente interne **Maßnahmen**

③

Medien und Hauptinstrumente externe **Maßnahmen**

Kreative Umsetzung
der Zielgruppen-Aussagen (PR-Botschaft)
in zielgruppengerechte Text-/ Bild-/ Aktions-Ideen

Budget-Faktoren   **Zeit-Faktoren**

PR-PROGRAMM: Integrierter **Zeit- und Maßnahmen-Plan**
(Taktik / Planung)

REALISATION

(B+C) AKTUALISIERUNG

Auswertung und **Beratung**   ④   **Durchführung** nach PR-Programm (Redaktion / Kontakt / Organisation)

Wirkungskontrolle

Copyright: G. Schulze-Fürstenow, Hamburg

AKTION (A+D)

FEEDBACK

ZIELGRUPPEN / ÖFFENTLICHKEITEN

kraten werden den vielfältigen Konfliktsituationen und deren Herausforderungen kaum gerecht. Weil ihr konzeptioneller Ansatz auf ökonomische Effektivität ausgerichtet ist, vernachlässigen sie die soziale Einbindung von Kommunikations-Strategien. Wer aber die Notwendigkeit gesellschaftlicher Glaubwürdigkeit und Akzeptanz für ein tragfähiges Kommunikations-Konzept nur gering einschätzt und diesem Aspekt auch in der Aus- und Weiterbildung von PR-Leuten keinen hohen Stellenwert einräumt, bietet dem Nachwuchs keine Zukunftsperspektive.

· VI. Betriebliche Bildung

GABRIELE BARTELT-KIRCHER

Zeitungsgruppe WAZ – Ausbildungsredaktion*

Sollen Journalisten ausgebildet werden? Müssen sie ausgebildet werden? Diese Fragen, die Anfang der siebziger Jahre noch auf der Tagesordnung von Verleger-Gesprächen standen, werden heute in den meisten Verlagen mit einem »Ja« beantwortet. Dennoch ist die Ausbildung in den 320 Tageszeitungsverlagen, die 1340 Volontäre 1985 ausbildeten, sehr unterschiedlich gestaltet. Als die Journalistik-Studiengänge in München und Dortmund etabliert wurden, verabschiedeten einige Verlage »Ausbildungsordnungen«, die eine systematische Ausbildung zum Redakteur vorsahen. Redakteur ist, wer fest angestellt als Journalist »kreativ an der Erstellung des redaktionellen Teils von Tageszeitungen regelmäßig in der Weise mitwirkt, daß er Wort- und Bildmaterial sammelt, sichtet, ordnet, dieses auswählt und veröffentlichungsreif bearbeitet, und/oder mit eigenen Wort- und/oder Bildbeiträgen zur Berichterstattung und Kommentierung in der Zeitung beiträgt, und/oder die redaktionell-technische Ausgestaltung (insbesondere Anordnung und Umbruch) des Textteils besorgt und/oder diese Tätigkeit koordiniert« (Definition nach dem Manteltarifvertrag für Redakteure an Tageszeitungen). Richtlinien des Bundesverbandes Deutscher Zeitungsverleger (BDZV) halfen 1972 bei der Formulierung. Inzwischen gelten im April 1982 einseitig vom BDZV verabschiedete »bindende Grundsätze für das Redaktionsvolontariat an deutschen Zeitungen«. Darin heißt es: »Der Volontär soll vornehmlich dadurch in die Redaktionsarbeit eingeführt werden, daß er in steigendem Maße daran teilnimmt.« Darüber hinaus verlangen die »Grundsätze« die Ausbildung in den Ressorts Lokales, Politik und wahlweise einem dritten Ressort sowie die Ergänzung der Ausbildung durch betriebliche und überbetriebliche Schulungen zu Themen wie Presserecht, Kommunalrecht usw. Diese sehr allgemeinen und nur »grundsätzlich« gehaltenen Forderungen ermöglichen eine Vielzahl von unterschiedlichsten Ausbildungswegen für Volontäre an Tageszeitungen. Die Westdeutsche Allgemeine Zeitung erarbeitete 1972 eine Ausbildungsordnung, die noch heute gültig ist und bei Bildung der WAZ-Gruppe von der Chefredaktion der Westfälischen Rundschau übernommen wurde. Die Ausbildung der WAZ/WR orientiert sich am Konzept der Regional-

---

* Vortrag an der Ruhr-Universität Bochum vom 8. Juli 1986.

zeitung und ihrer Region, die industriell und großstädtisch geprägt ist. Gleichzeitig soll die Ausbildung den Volontär mit anderen journalistischen Tätigkeitsfeldern vertraut machen. Dazu dienen Praktika in anderen Medien, insbesondere Hörfunk und Fernsehen, in Zeitschriften und in Pressestellen von Behörden, Verbänden und Unternehmen.

Die Ausbildung beginnt mit einer Einführung in den Verlag, seine Abteilungen und die Redaktion. Darauf folgt die Schulung im Umgang mit der rechnergesteuerten Textverarbeitung, dem Layout und dem Umbruch.

Erste Ausbildungsstation ist eine ausgewählte Lokalredaktion, die in ihrer Besetzung gewährleistet, daß erfahrene Kolleginnen und Kollegen den Volontär anleiten und beraten. Zugleich soll die Redaktion von ihrer Größe her verschiedene Arbeitsgebiete des Lokaljournalismus anbieten, die mit Hilfe einer Checkliste bearbeitet werden: Diese Liste stellt sicher, daß der Volontär, der in der Regel neben dem Studium oder vor Beginn des Volontariats freier Mitarbeiter war, in der Ausbildung insbesondere über solche Themenbereiche arbeitet, die er als »Freier« noch nicht kennengelernt hat. Außerdem fordert diese Liste verschiedene journalistische Stilformen wie die Glosse, den Kommentar, die Reportage und den Bericht sowie die Nachricht. Diese handwerklichen Fertigkeiten soll der Volontär nach der ersten Station beherrschen. Zur Abrundung dient der obligatorische »Grundkurs für Volontäre« des Deutschen Instituts für publizistische Bildungsarbeit, Hagen.

AUSBILDUNGSORDNUNG FÜR REDAKTIONS-
VOLONTÄRE

I. *Grundsätze*
Die Ausbildung der Redaktionsvolontäre erfolgt im Rahmen des Vertrags über die Ausbildungsrichtlinien von Redaktionsvolontären an Tageszeitungen vom 1. September 1969. Die dort genannten Vorschriften gelten, auch soweit sie im folgenden nicht ausdrücklich wiederholt werden, als Mindestbestimmungen. Die Ausbildung von Volontären der WAZ und der WR erfolgt nach dieser gemeinsamen Ausbildungsordnung.

II. *Einstellung*
1. Über die Einstellung von Volontären entscheidet der jeweilige Chefredakteur.
Der Einstellung geht ein Gespräch voraus. Zur Teilnahme daran lädt der Chefredakteur den gemeinsamen Ausbil-

dungsredakteur sowie die für die Volontärausbildung verantwortlichen Mitglieder der Chefredaktion oder deren Vertreter und den Volontärsprecher ein. Ein dem Betriebsrat angehörender Redakteur kann hinzugezogen werden. Interessiert sich ein Bewerber für ein bestimmtes Fachgebiet, so kann der zuständige Ressortleiter hinzugezogen werden.
2. Mit dem Volontär wird der Musterausbildungsvertrag abgeschlossen. Der Vertrag ist vor Beginn der Ausbildung abzuschließen.

III. *Ausbildungsziel*
1. Ziel der Ausbildung ist es, durch theoretische und praktische Unterweisung die Grundkenntnisse und Fertigkeiten zu vermitteln, die ein Redakteur (Wort und Bild) an einer Tageszeitung benötigt.
2. Eine praxisnahe Ausbildung erfordert auch die Gewöhnung an selbständiges Recherchieren und Redigieren bzw. Fotografieren und Texten. Ein Volontär darf jedoch nicht als Ersatzkraft für einen Redakteur angestellt werden. Grundsätzlich hat die Ausbildung Vorrang. In Ausnahmefällen kann der Volontär vorübergehend als Ersatzkraft für einen Redakteur in einer anderen als der Ausbildungsredaktion beschäftigt werden. Ein solcher Ausnahmefall darf nur mit Zustimmung des Volontärs länger als drei Tage, insgesamt aber nicht länger als vier Wochen pro Ausbildungsjahr dauern. In diesem Fall ist dem Volontär die halbe Differenz zwischen seiner Volontärsvergütung und dem niedrigsten Redakteursgehalt zu zahlen.

In allen Ausbildungsstationen sind die veröffentlichten und unveröffentlichten Manuskripte zu sammeln und der Ausbildungsredaktion vorzulegen. Nach einem Gespräch über die bisherigen Arbeiten wird der weitere Ausbildungsplan beschlossen. Das ist besonders wichtig, um Lücken in der Ausbildung auszumachen und rechtzeitig durch die Veränderung des ursprünglich gefaßten Ausbildungsplans zu schließen.

Nach dem ersten Abschnitt erfolgt der Wechsel in die Zentralredaktion. Die Politik ist Pflicht, dabei kann der Volontär zwischen Innen- und Außenpolitik wählen. Hierauf schließen sich die Ressorts an: Wirtschaft, Kultur und Sport.

Jeder Volontär wählt die Ressorts nach seinen Neigungen und Vorkenntnissen aus. Die Ausbildung dort dauert jeweils mindestens zwei Monate. Übergreifend schulen sich die meisten der WAZ/WR-Volontäre in der Reportage, die allen Ressorts zuarbeitet. Um die Arbeit von Wochenmagazinen kennenzulernen, wechseln Interessierte zum Fernseh-Supplement »Bunte Wochen Zeitung« oder zum »Reise-Magazin«.

Alle Volontärinnen und Volontäre der WAZ/WR besuchen die obligatorischen betrieblichen Ausbildungsveranstaltungen, die die Ausbildungsredaktion organisiert. Dazu gehören Seminare zu Presserecht, Arbeitsrecht, Gerichtsberichterstattung, Kommunales Haushalts- und Planungs-Recht zum einen, Institutionen-Kunde zum anderen: z. B. Gespräche mit Arbeitgeber-Verbänden und Gewerkschaften, Industrie- und Handelskammern und Arbeitsämtern usw. Ergänzt werden die Gespräche durch Besuche in Betrieben und sozialen Einrichtungen. Fahrten nach Bonn und Düsseldorf, wo Gespräche mit Politikern und Besuche in den Parlamenten einen genaueren Einblick in die Arbeit der dort akkreditierten Journalisten geben. Hospitationen von zwei bis drei Wochen in den Korrespondenten-Büros Düsseldorf und Bonn vertiefen den Eindruck. Darüber hinaus kann in dem dortigen Büro einer Nachrichtenagentur auch die Quelle der Nachrichtenredaktion genauer kennengelernt werden. Dieser Aufenthalt zählt schon zu den externen Praktika, die nach der WAZ/WR-Ausbildungsordnung vorgesehen sind.

Besonders häufig nutzen die Volontärinnen und Volontäre die Möglichkeiten, im Rundfunk und Fernsehen zu praktizieren. Plätze dafür stellen die öffentlich-rechtlichen Rundfunkanstalten auf der Basis des Volontär-Austauschs bereit. Bei Wochenzeitschriften, Fachzeitschriften und in Pressestellen von Verbänden, Unternehmen und Institutionen liegen weitere Praktika. Diese vermitteln einen Blick auf die »andere Seite der journalistischen Theke«, zugleich steigern sie die berufliche Mobilität erheblich.

Aber auch ihre Träume dürfen Volontäre und Volontärinnen der WAZ mal ausprobieren: Aufenthalte bei Korrespondenten der WAZ in Rom, Washington oder London sind beliebt – wohlwissend, daß 90 Prozent aller 11 300 Redakteure an bundesdeutschen Tageszeitungen im Lokalen arbeiten und die Auslandstätigkeit dank der immer enger verzahnten elektronischen Kommunikationsnetze und der damit leistungsfähigeren Agenturen immer schwieriger wird. Dennoch ist die Ausbildung im überregionalen politischen Bereich wichtig, denn die Anforderungen an die Redakteure im Lokalen steigen im gleichen Maße wie die Ausbildung und Mobilität der Leserschaft. Neu im betrieblichen Ausbildungsprogramm ist seit drei Jahren ein Kompakt-Geschichtsseminar zur deutsch-deutschen Geschichte, das die komplexen verfassungs- und völkerrechtlichen Aspekte vermitteln soll, eine Informationsfahrt in die DDR vertieft diese.

Karl Volker Schmitt

ZFP – Zentrale Fortbildung der Programm-Mitarbeiter ARD/ZDF*

ÜBERBLICK

Mit der »Zentralen Fortbildung der Programm-Mitarbeiter ARD/ZDF« (abgekürzt: ZFP) stellt sich eine Einrichtung der betrieblichen Berufsfortbildung vor. Die Betriebe sind hier die öffentlich-rechtlichen Rundfunkanstalten in der Bundesrepublik. Im Oktober 1977 schlossen sie eine entsprechende Verwaltungs-Vereinbarung[1] und beauftragten die ZFP,
- ein externes Fortbildungsangebot anzubieten,
- die einzelnen Rundfunkanstalten bei ihrer internen Fortbildungsarbeit zu unterstützen
- und den Informations- und Erfahrungsaustausch mit anderen Einrichtungen, die in diesem Zusammenhang von Interesse sind, zu pflegen.

Inzwischen bietet die ZFP jährlich rund 100 Seminare, Werkstatt-Wochen und Informationstage für 1200 bis 1400 Teilnehmer an. Hauptzielgruppe sind die Journalisten, aber auch alle anderen, die kreativ am Zustandekommen von Hörfunk- und Fernsehprogrammen beteiligt sind (z. B. Regisseure, Kameraleute, Cutter/innen, Aufnahme- und Produktionsleiter, Redaktions-Sekretärinnen).

Die Teilnahme ist freiwillig. Die Anmeldung erfolgt über die Fortbildungsbeauftragten der einzelnen Rundfunkanstalten. Viermal im Jahr verteilen die Häuser die ZFP-Mitteilungen mit den Seminar-Ausschreibungen »was wann wo«. Einzelne Sender ermöglichen inzwischen auch ihren festen freien Mitarbeitern den Besuch der ZFP-Seminare. Für in Ausbildung stehende Redaktionsvolontäre kann die ZFP zehn Prozent ihres Platzangebotes belegen.

Jährlich arbeiten in den Seminaren rund 250 Referenten, Trainer, Gesprächspartner und Assistenzkräfte mit. Sie kommen von Hochschulen und anderen Forschungseinrichtungen – aus staatlichen wie privaten Institutionen, aus der Erwachsenenbildung – oder sind als Selbständige in der freien Wirtschaft tätig. Rund ein Drittel sind Fachkräfte aus den Rundfunkanstalten selbst.

---

* Vortrag an der Ruhr-Universität Bochum vom 15. Juli 1986.

Das Ganze organisiert das 14köpfige ZFP-Team von den beiden Standorten Hannover und Wiesbaden aus (seit Anfang des Jahres 1988). An beiden Standorten verfügt die ZFP über eigene Seminar-Räume. Die Sitzanstalten Hessischer Rundfunk und Norddeutscher Rundfunk gewährleisten eine Grundversorgung mit Geräte- und Studiokapazitäten. Grundsätzlich nutzt die ZFP die mannigfaltigen Ressourcen der Rundfunkanstalten. Außerdem ist sie zur engen Zusammenarbeit mit der Schule für Rundfunktechnik in Nürnberg verpflichtet. Die Kosten für die Seminare, der Geschäftsbedarf und ihre Personalkosten werden durch eine Umlage gedeckt. Gegenwärtig (1988) verfügt die ZFP über einen Etat von 3,2 Millionen DM.

Der Auftrag und das Angebot

Diese Ausführungen über die Arbeit der ZFP sind für Publizistik-Studenten bestimmt und konzentrieren sich deshalb auf das externe Seminar-Angebot mit seinen Prämissen, Themen und verschiedenen Formen. Als Globalziel wurde von der ZFP eine Stärkung der professionellen, journalistischen Kompetenz erwartet. Sehr schnell erwies sich jedoch, daß ein Teil des Seminarangebots einer nachgeholten Ausbildung gleichkommen muß.

Da die Teilnahme an den Seminaren freiwillig ist (also den Entschluß voraussetzt, etwas für sich zu tun), muß sich die ZFP als Anbieter auch marktgerecht verhalten. Das heißt, ihr Angebot muß auch der Nachfrage entsprechen. Deshalb zeigen die in »was wann wo« ausgeschriebenen Seminare zunächst nur eine äußere Struktur des ZFP-Angebotes auf, die es dem späteren Teilnehmer erleichtern soll, seine Erwartungen zu befriedigen beziehungsweise Wunsch-Seminare zu finden.

Das Angebot ist in sieben Kapitel gegliedert:
1. *Journalistisches Handwerk* mit Seminaren und Trainings wie: Argumentationstraining, Rhetorik für Journalisten, Recherche, Reportage, Moderation, Interview, Texten, elektronische Berichterstattung, Film-Werkstattwoche, Senderegie u. a. m.
2. *Programm: Form und Inhalt.* Diese Seminare dienen vornehmlich dem Erfahrungsaustausch und der Analyse von Programm. Als Beispiele seien drei Reihen-Titel genannt: »Drei-Tage-Redaktion«, »Redaktions-Klausur« und »Vor und nach der Sendung – Programm braucht Gespräch«. Der Reihen-Titel »Drei-Tage-Redaktion« signalisiert, daß drei Tage lang (benötigter Zeitaufwand für das Seminar) »Redaktion«, sprich die kritische Auseinandersetzung mit einem Stoff, seiner inhaltlichen wie formalen Umsetzung stattfinden wird.[2]

3. *Jahresschwerpunkt.* Hier stellt die ZFP ihre besonderen Aktivitäten für das laufende Jahr heraus. Solche Schwerpunkte waren bisher z. B. »Wirtschaftswissen« oder »Moderation von Musiksendungen«. Für 1987 ist ein Bündel von Seminaren in Vorbereitung, die Fortbildungsarbeit und Bewährungsprobe zusammenbringen. So wird über mehrere Wochen hindurch ein »Sommer-Radio« für ein Hörfunk-Stadtmagazin betrieben mit täglich einer (Pflicht-)Stunde Sendezeit. Bei der Internationalen Funkausstellung in Berlin gibt es eine Neuauflage des »Messe-Radios« mit einem mehrstündigen Live-Programm.[3]
4. *Neue Entwicklungen* mit Themen und Trainings wie: Fernsehtext (Videotext), Recherchieren mit Datenbanken, Radio Börse Regional (Erfahrungsaustausch über regionale Sendungen), Planspiel über die Planung zukünftiger Programme.
5. *Sachwissen.* Hier arbeitet die ZFP eng mit Akademien und Institutionen zusammen, um entweder Besuche zum gründlichen Kennenlernen von Vertretern und der Arbeit dieser Institution zu organisieren oder um Hintergrundwissen zu aktuellen Themen zu vermitteln. Informationstage über Medienwissen gehören ebenfalls zu diesem Kapitel. Aktuelle Themen waren beispielsweise 1980 das Sachwissen-Seminar »Islam – Herausforderung an West und Ost«, 1981 »Einwanderungsland Bundesrepublik?« und 1983 »Die USA und Deutschland seit dem Zweiten Weltkrieg.« Die Referate dieser Sachwissen-Seminare sind in Buchform veröffentlicht.[4]
6. *Programm-Umfeld.* Die ZFP geht davon aus, daß zur Gesamtleistung, das Programm zu erstellen, auch die Sekretariatskräfte einen wesentlichen Anteil beisteuern. Fester Bestandteil des Seminarangebots sind daher Kurse für Sekretärinnen; der Titel »Schaltstelle Redaktions-Sekretariat« weist auf Seminar-Inhalte wie »Gesprächsführung« und »Sekretariats-Management« hin.
7. *Fortbildung des Mitarbeiterstabes.* Trainer und Referenten aus den Rundfunkanstalten finden hier eine Anleitung, wie z. B. Wissen verständlich weitergegeben wird oder wie Seminarteilnehmer motiviert werden.

ZUR KONZEPTION ... AUF PROFESSIONALITÄT ZU

Gegenwärtig machen die Seminare des Kapitels »Journalistisches Handwerk« rund die Hälfte des gesamten ZFP-Angebotes aus. Zu den meisten Seminaren müssen Wartelisten geführt werden. Dies hängt mit einem aktuellen Nachfrage-Druck nach »nachgeholter Ausbildung« zusammen. Die öffentlich-rechtlichen Rundfunkanstalten bereiten sich auf die private Konkurrenz vor. Die Folge sind neue regionale Programme (mit einer spürbaren Zahl neuer freier wie fester

Mitarbeiter) oder Reformen bestehender Programme (was hier und dort ebenfalls mit der Beschäftigung weiterer neuer Mitarbeiter verbunden ist). Dieser Nachfrage-Druck bleibt auch in den folgenden Jahren aus einem anderen Grund bestehen: Schon kündigt sich eine Pensionierungs-Welle an, denn die Pioniere der Nachkriegszeit und des Neubeginns sind entsprechend alt geworden. Relativ viele Gleichaltrige haben damals zusammen die Arbeit aufgenommen.

Beim Journalismus handelt es sich bekanntlich zunächst um reines Erfahrungswissen. Man erwirbt es in der Bundesrepublik auch heute noch mehr oder weniger durch Anlernen in der Praxis. Eine systematische Journalisten-Ausbildung, die Theorie und Praxis verbindet, ist noch nicht der Regelfall.[5] Und auch sie würde das Problem notwendiger »nachzuholender Ausbildung« nicht aus der Welt schaffen. Wenn heute von ihr gesprochen wird, schwingt häufig eine negative Einschätzung mit; gemeint sind dann meistens jene Fälle, wo eine umfassendere Anlernphase übersprungen wurde (wenn z. B. Zeitungsredakteure von heute auf morgen regionalen Hörfunk oder gar Fernsehen machen mußten).

Von solchen Fällen abgesehen, ist sie jedoch aus ganz anderen Gründen eine Daueraufgabe der betrieblichen Berufsfortbildung. Die Arbeit im Rundfunk bietet viele Möglichkeiten der Entfaltung und des Entdeckens der eigenen Kreativität. Der dreifache Programmauftrag – Informieren, Bilden, Unterhalten – bedingt eine sehr große Bandbreite spezifischer Kompetenzen. Ein Nachrichten-Redakteur ist mit seinem Kollegen vom Fernsehspiel nicht einfach gleichzusetzen. Schon die Bezeichnungen »Journalist« und »Redakteur« sind schillernd. Verschiedene Bereiche der Sozialwissenschaften bemühen sich um präzisere Beschreibungen für die Aufgaben und die dazu notwendigen Fähigkeiten dieser Berufsgruppe. Deutlich wurde dabei bisher, wie komplex das Ganze ist.[6] Außerdem ist eine Grundkompetenz in gleich mehreren Berufen bei sehr vielen Arbeitsvorgängen gefordert. Eine Grundausbildung, die all diesem gerecht werden wollte, ist kaum realisierbar.

Ihr zweites wichtiges »Bein« sieht die ZFP in den Seminaren des Kapitels »Programm: Form und Inhalt« – ein zentrales Kapitel, an dem sich auch am besten die »stillen Prämissen«, sprich die »Philosophie« der ZFP-Arbeit erklären läßt. Das Einüben von Arbeitstechniken steht hier nicht im Vordergrund, sondern macht einer kritischen Beschäftigung und Auseinandersetzung mit dem Medium, der eigenen Profession mit ihren Arbeitskriterien, Platz. Sehr schnell wird den Seminar-Teilnehmern bei der Analysearbeit deutlich, auf welch schwankendem Boden sie stehen. Die Reflexion über die Beurteilungskriterien erweist sich als zwingend (gewissermaßen von selbst). Ebenso zeigt sich, daß Handlungsanweisungen oder Checklisten für die Programmarbeit nur von grundsätzlichem Charakter sein können. Um den Programm-Macher mit seiner ganzen Person (Kopf und »Bauch«) mit einzubeziehen, werden auch Motivationen und stille Prämissen verdeutlicht. Bewährt hat sich bei solchen Seminaren, Ansprechpartner mit menschlicher wie fachlicher Kompetenz aus anderen Bereichen einzuladen. Kernstück der Seminararbeit wird so die Dialogsituation. Es wird vermieden, daß die Macher unter sich bleiben.[7]

Freilich hat sich die ZFP vorgenommen, auch das Einüben von Arbeitstechniken nicht ohne »Methode« und nicht ohne »Reflexion« durchzuführen. Trainings des Kapitels »Journalistisches Handwerk« und (Nachdenk-)Seminare des Kapitels »Programm: Form und Inhalt« sind deswegen nicht »Feuer« und »Wasser«, sondern stehen grundsätzlich unter gleichen Prämissen. Sie würden sonst – nach Meinung der ZFP – ihren Fortbildungs-Charakter verlieren.

PRÄMISSEN UND »WURZELBEHANDLUNG«

Die Prämisse der Verbindung von Theorie und Praxis ist bereits genannt. Auch liegt auf der Hand, daß die gesetzlichen Grundlagen für den öffentlich-rechtlichen Rundfunk Verpflichtungen enthalten, die das Selbstverständnis des Journalisten betreffen. Eine Reihe davon ist Allgemeingut, gleich ob der Journalist bei einem Tendenzbetrieb (im Print-Medienbereich oder beim privaten Rundfunk) oder bei einer ARD-Anstalt oder dem ZDF tätig ist. So wird niemand die Verpflichtung des Journalisten zur Objektivität ernsthaft bestreiten.

Anders im Falle der Forderung nach der Ausgewogenheit des Programms. Hier steht nur der Journalist in einer öffentlich-rechtlichen Rundfunkanstalt in der Verpflichtung, für Ausgewogenheit zu sorgen. »Das rundfunkrechtliche Gebot der Ausgewogenheit entspricht in wesentlichen Punkten dem allgemeinen journalistischen Fairness-Prinzip [...] faires Hören und Wiedergeben der anderen Seite, Unvoreingenommenheit gegenüber dem Ergebnis einer publizistischen Aussage«, heißt es im Kommentar zum Staatsvertrag des ZDF, herausgegeben von seinem Justitiar Ernst W. Fuhr.[8] So leicht sich dies liest, so schwer ist es, sich nach diesem Gebot zu verhalten. »Faires Hören und Wiedergeben der anderen Seite« und »Unvoreingenommenheit« – dies zu üben, verlangt ebenfalls nach »Methode«. So zieht sich wie ein roter Faden eine weitere Vorgabe durch die Konzepte der ZFP-Seminare: das Entwickeln und Stärken der Kommunikationsfähigkeit.

Von diesen beiden Prämissen her gesehen, läßt sich die Konzeption einer Reihe von ZFP-Seminaren erklären. Zwei Beispiele – eines aus dem Kapitel »Journalistisches Handwerk« (Studio-Training Ablaufregie), eines aus »Programm: Form und Inhalt« (Nachrichtenformen und -sprache im Hörfunk) – mögen dies verdeutlichen.

Betriebliche Berufsfortbildung muß sich außerdem an einer Reihe anderer

Ausschnitt aus dem Angebot der ZFP

Übersicht

ZFP ZENTRALE FORTBILDUNG DER PROGRAMMITARBEITER/GEMEINSCHAFTSEINRICHTUNG ARD/ZDF

CHRONOLOGISCH		Ort:	Seite
6.- 9.10.	MODERATION VON MUSIKSENDUNGEN IM HF II	Freiburg	18
6.- 9.10.*	NACHGEFRAGT BEI DER NATO		-
6.-10.10.*	LIVE REPORTIEREN IM HÖRFUNK I		-
6.-10.10.	SCHALTSTELLE REDAKTIONSSEKRETARIAT II	Kommern	31
13.-17.10.*	FS-MODERATION		-
12.-18.10.*	VON DER IDEE ZUR SENDUNG: VIDEO		-
15.-18.10.*	ARGUMENTATIONSTRAINING B		-
20.-24.10.	MUSIK IN MAGAZINSENDUNGEN DES HF	Stuttgart	19
21.-24.10.	ANNÄHERUNG AN PERSONEN - ÜBUNGEN ZUM PORTRÄTIEREN IM PROGRAMM	Bad Homburg	25
3.- 7.11.*	RECHERCHEWERKSTATT: NACH ALLEN REGELN DER KUNST		-
3.- 7.11.	TRAINING IN DER FERNSEHTEXTREDAKTION	Berlin	24
11.-14.11.*	RECHERCHIEREN MIT DATENBANKEN		-
11.-14.11.*	ARGUMENTATIONSTRAINING A		-
12.-15.11.*	MENSCHEN IM PROGRAMM: I. UMGANG MIT PERSONEN		-
12.-15.11.*	INTERVIEW I		-
10.-14.11.*	GRUNDKURS HÖRFUNK		-
17.-20.11.	TSCHERNOBYL UND DIE FOLGEN	Straßburg	28
23.-29.11.*	VON DER IDEE ZUR SENDUNG: FILM		-
24.-27.11.*	ELEKTRONISCHE KLANGELEMENTE		-
24.-28.11.	DOKUMENTATION IN FS-ARCHIVEN IV	Mainz	30
24.-28.11.	HF-MODERATION	Heidelberg	14
26.-29.11.*	SCHALTSTELLE REDAKTIONSSEKRETARIAT		-
1.- 4.12.	ELEKTRONISCHE KLANGELEMENTE I	Freiburg	10
1.- 5.12.	HÖRSPIEL UND UNTERHALTUNGSANSPRUCH	Baden-Baden	15
3.- 6.12.	INTERVIEW II	Wiesbaden	17
10.-13.12.	TSCHERNOBYL UND DIE FOLGEN	Heidelberg	27
15.-18.12.*	ERZÄHLEN		-
12.-16. 1.	DOKUMENTATION IN FS-ARCHIVEN I	München	29
14.-17. 1.	BILDJOURNALISMUS FÜR REDAKTEURE I	Wiesbaden	9
18.-21. 1.	BILDJOURNALISMUS FÜR REDAKTEURE I	Wiesbaden	9
22.-25. 1.	BILDJOURNALISMUS FÜR REDAKTEURE II	Wiesbaden	9

Fortsetzung siehe nächste Seite
* = belegt

WasWannWo

OKT.'86 - JUNI'87 - Seite 5

Ausschnitt aus dem Angebot der ZFP

Übersicht

ZFP ZENTRALE FORTBILDUNG DER PROGRAMMMITARBEITER/GEMEIN-SCHAFTSEINRICHTUNG ARD/ZDF

Datum	Thema	Ort	Seite
22.-27. 1.	FERNSEHTEXT - WAHLBERICHTERSTATTUNG	Berlin/Bonn	11
28.-31. 1.	ARGUMENTATIONSTRAINING B	Waldbronn	8
9.-13. 2.	DOKUMENTATION IN FS-ARCHIVEN II	Köln	29
16.-19. 2.	INTERVIEW I	Wiesbaden	16
23.-27. 2.	FS-MODERATION	Münster	12
25.-28. 2.	ARGUMENTATIONSTRAINING A	Flehingen	7
2.- 6. 3.	RHETORIK FÜR JOURNALISTEN	Flehingen	23
2.- 6. 3.	TRAINING IN DER FERNSEHTEXTREDAKTION	Berlin	24
11.-14. 3.	BILDJOURNALISMUS FÜR REDAKTEURE I	Wiesbaden	9
14.-17. 3.	BILDJOURNALISMUS FÜR REDAKTEURE I	Wiesbaden	9
17.-20. 3.	KREATIVITÄT, INNOVATION IM PROGRAMM	Münstertal	26
18.-21. 3.	BILDJOURNALISMUS FÜR REDAKTEURE II	Wiesbaden	9
30.3.-3.4.	GRUNDKURS HÖRFUNK	Münster	13
5.-11. 4.	OPTISCHES BERICHTEN	Wiesbaden	20
6.-10. 4.	DOKUMENTATION IN FS-ARCHIVEN IV	Wiesbaden	30
6.- 9. 4.	INTERVIEW I	Wiesbaden	16
7.-10. 4.	BILDJOURNALISMUS FÜR REDAKTEURE I	Wiesbaden	9
12.-15. 4.	BILDJOURNALISMUS FÜR REDAKTEURE II	Wiesbaden	9
21.-25. 4.	BILDJOURNALISMUS FÜR REDAKTEURE III	Wiesbaden	9
22.-25. 4.	SCHALTSTELLE REDAKTIONSSEKRETARIAT II	Marktbreit	31
20.-23. 5.	INTERVIEW II	Wiesbaden	17
9.-12. 6.	RECHERCHIEREN MIT DATENBANKEN	Karlsruhe	22
9.-13. 6.	NACH ALLEN REGELN DER KUNST	Baden-Baden	21
9.-13. 6.	FS-MODERATION	Münster	12
24.-27. 6.	BILDJOURNALISMUS FÜR REDAKTEURE I	Wiesbaden	9

ANDERE ANGEBOTE:

SRT-Kurse mit Plätzen für Redakteure:
Elektronische Berichterstattung - 24.11. - 28.11.1986

ZDF:
Grundlagen und Aspekte der Zusammenarbeit - Grund- und Aufbauseminar 32
Jeweils 6.-10.10.; 3.-7.11.; 23.3.-27.3.'87; 22.6.-26.6.;
28.9.-2.10.; 12.10.-16.10.; 23.11.-27.11.
Die Kunst kooperativer Gesprächsführung 33
26.-28.11.; 25.-27.3.'87; 30.9.-2.10.; 1.12.-3.12.
Führungsrolle und Identität - 25.5.-27.5.'87; 29.9.-1.10. 34

WasWannWo
OKT.'86 - JUNI'87 - Seite 6

feststellbarer Defizite orientieren. Probleme schaffen mangelnder Teamgeist, die Neigung, in geschlossenen Gedankenkreisläufen zu bleiben, der Verlust an Nähe zum Zuhörer beziehungsweise Zuschauer – seiner Lebens- und Arbeitswelt –, um nur einige zu nennen. Man kann sie nicht als Lernziele ausschreiben, um sie aufzuarbeiten. Sie müssen im Blick sein, wenn Seminare »maßgeschneidert« werden für Programm-Mitarbeiter.

Die besondere Herausforderung für die Mitarbeiter der Fortbildung besteht in der Aufgabe, das Lernen in den Seminaren so zu organisieren, daß hier weiterführende Erfahrungen ermöglicht werden.

Als die ZFP im Oktober 1977 ihre Arbeit aufnahm, suchte sie nach dem erfolgversprechendsten Einstieg für ihre Arbeit. Sie ging dabei pragmatisch vor und wählte dafür die Felder »Sprache und Kommunikation«. Rasch stellte sich heraus, daß sich damit eine Art »Wurzelbehandlung« im Rahmen der Fortbildung etablierte. Zur Lösung seiner Vermittlungsaufgabe muß sich der Journalist der Sprache bedienen (eine unbestreitbare Tatsache; eigener Defizite wird man sich dabei leicht bewußt). Und für viele Kollegen kommt als Erkenntnis neu hinzu, daß die journalistische Arbeit wesentlich von der Art der Kommunikation und der Wirkung, die von der eigenen Person auf andere ausgeht, abhängt (eine ebenso unbestreitbare Tatsache; nur daß hier Kompetenz als naturgegeben gesehen wird; Defizite müssen in der Regel erst erfahrbar gemacht werden). Und mehr noch: im Kommunikationstraining erfährt der Teilnehmer an sich selbst, wie sehr Fremdbild und Selbstbild entscheidende Faktoren der Kommunikation sind.[9]

»Diese enge Beziehung zwischen Sprache und Journalismus ist noch gar nicht richtig erkannt worden [...]«, meinte Helmut Haselmayr 1951 in dem damals zum ersten Mal herausgegebenen »Handbuch für Publizisten«.[10] Haselmayrs Beitrag in diesem Handbuch versuchte eine Beschreibung des Journalisten als Psychologe und der Psyche des Journalisten. Aber sie zielte noch ganz auf die Wirkung durch das Produkt auf sein Publikum und war mehr bildungspolitisch zu verstehen. Immerhin stellte er in diesem Zusammenhang schon fest, »die journalistische Tätigkeit ist zum großen Teil angewandte Psychologie«. Ein Hinweis auf die Notwendigkeit, die eigene Kommunikationsfähigkeit zu überprüfen, fehlte noch. Auch heutzutage ist es übrigens hierfür leichter, Anleihen in der Medien-Pädagogik (wie stelle ich z. B eine ersprießliche Gesprächssituation für eine Filmanalyse her?) oder in lernpsychologischen Arbeitsheften für Personalchefs und Industriemanager (Zuhören lernen und überzeugen) zu machen. Beispiele für die selektive Wahrnehmung finden sich dort eher als in journalistischen Praxis-Lehrbüchern.[11]

Die ZFP-Seminare »Argumentations-Training« und »Rhetorik für Journalisten« gehören zu dieser »Wurzelbehandlung« und sorgen auch für ein beruflich notwendiges Mindestmaß an Feedback zum eigenen Verhalten – ohne zu einem Selbsterfahrungs-Seminar zu werden. Sie sind eine Art Eingangsstufe insbesondere für »Interview« und »Moderation«.[12]

AUSBLICK

Wenn Publizistik-Studenten aus den Lehren, die die ZFP in nunmehr bald zehnjähriger Fortbildungsarbeit ziehen konnte, für sich eine Nutzanwendung ziehen wollen, dann wäre zunächst zu empfehlen: nach Möglichkeiten der »Wurzelbehandlung« Ausschau zu halten! Fündig werden könnte man in der Pädagogik oder Psychologie, aber auch bei der Betriebswissenschaft oder einem verwandten Fachbereich. Der Nutzen für die eigene Entwicklung ist in der Regel groß. Ein Kommunikations-Training ist dabei nicht nur hilfreich für die Praxisphasen während eines Redaktionspraktikums, einer Hospitanz oder bei freier Mitarbeit für eine Redaktion (es wird vorausgesetzt, daß die meisten später als »Anwender« und nicht als Forscher tätig sein wollen).

Leider ist es nicht möglich, sich direkt bei der ZFP für ein Seminar anzumelden. Dies kann nur die einzelne Rundfunkanstalt, für die der Seminarteilnehmer arbeitet. Die ZFP ist jedoch an den Ergebnissen wissenschaftlicher Arbeiten interessiert. Gern lädt sie Hochschulabsolventen als Gesprächspartner zu ihren Nachdenk-Seminaren ein, wobei dann Gelegenheit besteht, Ergebnisse der eigenen Arbeit mit einzubringen. Die Kontaktaufnahme mit der ZFP kann telefonisch erfolgen.

Der Anteil von Seminarteilnehmern des ersten bis fünften Berufsjahres ist inzwischen auf 34% gestiegen. In dieser Zahl spiegelt sich auch die Tatsache wider, daß es ständig Neueinstellungen bei den Rundfunkanstalten gibt und daß der Kreis der freien Mitarbeiter sich ebenfalls verjüngt. Auch stehen bei den Rundfunkanstalten inzwischen rund 200 Plätze für Redaktionsvolontäre zur Verfügung. Manchem ist der entscheidende Schritt, Mitarbeiter werden zu können, schon während der Hospitanz geglückt (die Hospitanz dient an und für sich einem ersten Kennenlernen im Sinne der Berufsfindung).

Insgesamt gesehen, gleicht diese Entwicklung – angesichts der großen Zahl von Publizistik-Studenten – dem berühmten »Tropfen auf den heißen Stein«. Dennoch kann festgehalten werden, daß es nicht von vornherein ein aussichtsloses Unterfangen ist, einen journalistischen Arbeitsplatz zu finden.

ANMERKUNGEN

[1] Neufassung vom 13./18. Mai 1987, abgedruckt im »ARD-Jahrbuch '87«, S. 434f.
[2] In der Ausgabe der Süddeutschen Zeitung vom 5. März 1982 beschrieb Heinz Hinse Ergebnisse aus dem Analyse-Seminar zum Thema »Ausländer und Fernsehen: Den Fremdling zum Nachbarn machen«. Hinses Beitrag trug die Überschrift »Keine Möglichkeiten zum Wiedererkennen«.
[3] In der Ausgabe der Süddeutschen Zeitung vom 6. September 1985 beschrieb Jens Brüning das »Messe-Radio« unter dem Titel: »Ein Programm ohne Intendant und Ressortchef – Ein Seminar als Programm: Auf der Berliner Funkausstellung gestalten Volontäre eine Messe-Welle«.
[4] Gerhard Schult (Hrsg.): Islam – Herausforderung an West und Ost, Verlag für Christlich-Islamisches Schrifttentum, Altenberge 1981.
Gerhard Schult (Hrsg.): Einwanderungsland Bundesrepublik Deutschland?, Nomos Verlagsgesellschaft, Baden-Baden 1982.
Siegfried Quandt / Gerhard Schult (Hrsg.): Die USA und Deutschland seit dem Zweiten Weltkrieg. Geschichte, Politik und Massenmedien, Band 4, Schöningh, Paderborn 1985 (Schult ist Bereichsleiter der ZFP).
[5] Vgl. hierzu Heinz-Dietrich Fischer: Ausbildungsstrategien für Kommunikationsberufe als weltweite Zielprojektion – Probleme und Befunde, in: Fischer/Roegele/Baerns (Hrsg.): Ausbildung für Kommunikationsberufe in Europa. Praktiken und Perspektiven, Düsseldorf 1977, S. 9–29.
[6] Vgl. hierzu Ruth Blaes: Qualifikationsstruktur in der journalistischen Ausbildung, Minerva-Publikation, München 1981, S. 50ff. Blaes gibt hier in ihrer Dissertation über die Entwicklung des berufsbezogenen Studienganges für Journalisten an der Universität München einen Überblick über Professionalisierungskonzepte (Blaes ist Bereichsleiterin der ZFP).
[7] Die Dialogsituation bei den Analyse-Seminaren verdeutlicht z. B. der Bericht von Heinz Hinse in der Süddeutschen Zeitung vom 20. März 1985: »Den ersten Schritten im Westen nachgegangen – Information oder Bestätigung von Vorurteilen: wie Fernsehberichte über DDR-Aussiedler wirken.« Diskutiert wurden Langzeitbeobachtungen. Hierzu referierte Prof. Albrecht Lehmann, Volkskundler von der Universität Hamburg. Eigene Forschungsergebnisse brachte Prof. Volker Rongelin, Soziologe und Vorurteilsforscher von der Universität Wuppertal, ein.
[8] Vgl. hierzu den Kommentar zum ZDF-Staatsvertrag: Ernst W. Fuhr: »ZDF – Staatsvertrag«, Mainz 1972, S. 51f.
[9] Vgl. hierzu: Franz Zöchbauer / Henk Hoekstra: Kommunikationstraining, Schriftenreihe Gruppenpädagogik – Gruppendynamik, Quelle & Meyer, Heidelberg 1974, S. 29.
[10] Helmut Haselmayr: Journalismus und Psychologie, in : d'Ester/Remy (Hrsg.): Der Journalist, das Handbuch für den Publizisten, Gießen – Berlin – München 1951, S. 148–154.
[11] Als Beispiel hierzu: Ekkehard Crisand: Psychologie der Gesprächsführung, Heidelberg 1982. Auf S. 38 wird als klassisches Beispiel die Aufgabe an drei Teilnehmer beschrieben, durch eine Straße zu gehen und festzuhalten, was dabei auffiel. Der erste war bei

der Müllabfuhr beschäftigt und berichtete, er habe noch nie eine so schmutzige Straße gesehen. Der zweite, Immobilienmakler: hervorragende Lage, hier ließen sich gute Geschäftslokale vermieten. Der dritte war Verkehrsexperte bei der Polizei, er meinte, die Straße habe eine gefährliche Einmündung und es sollte ein Stop-Schild angebracht werden.

[12] Vgl. hierzu Hellmut Geißner: Zwischen Geschwätzigkeit und Sprachlosigkeit – Zur Ethik mündlicher Kommunikation, in: Lotzmann (Hrsg.): Mündliche Kommunikation in Studium und Ausbildung, Königstein/Ts. 1982, S. 9–31.

Karl Volker Schmitt: Thesen zur Fortbildung in mündlicher Kommunikation für Fernsehjournalisten, ebenfalls bei Lotzmann, S. 203–206.

Sprache und Sprechen, Band 9, Scriptor Geert Luhmann.

Auswahlbibliographie

Aufermann, Jörg / Ernst Elitz (Hrsg.): Ausbildungswege zum Journalismus. Bestandsaufnahmen, Kritik und Alternativen der Journalistenausbildung, Opladen 1975.

Bodel, Klaus / Manfred Buchwald: Fachstudienführer Journalistik, Publizistik/Kommunikationswissenschaft. Hrsg. von Gundolf Seidenspinner, Weil der Stadt 1980.

Bringmann, Karl: Anfänge der Journalistenausbildung, in: Heinz-Dietrich Fischer (Hrsg.): Pioniere der Nachkriegspublizistik. Berichte von Initiatoren des Kommunikationssystems nach 1945, Köln 1986, S. 35–48.

Bürger, Joachim H.: Jobs in der Informationsgesellschaft. Alles über Berufe und Chancen in der Kommunikation, Essen (1985).

Bundesverband Deutscher Zeitungsverleger (Hrsg.): Wege zum Journalismus, 2. Aufl., Bonn 1984.

Dahl, Peter: Journalistenausbildung. Stand, Modelle, Forderungen, Bremen 1977.

Desmond, Robert W.: Professional Training of Journalists, Paris 1949.

Deutsche Welle: Überlegungen zur Aus-, Weiter- und Fortbildung von Rundfunkjournalisten, Programm-Machern, Kommunikatoren und technischen Berufsgruppen, Köln 1975.

Deutscher Journalisten-Verband (Hrsg.): Das Dilemma der Journalistenausbildung. Eine kritische Dokumentation und Bestandsaufnahme, Bonn 1984.

Donsbach, Wolfgang: Journalisten-Ausbildung, München 1978.

Durth, Rüdiger: Der Lokalredakteur – Wege zur bürgernahen Kommunikation, Remagen-Rolandseck 1975.

Fischer, Heinz-Dietrich (Hrsg.): Spektrum der Kommunikationsberufe. Zwölf Konkretisierungen zu publizistischen Tätigkeitsfeldern in der Bundesrepublik Deutschland, Köln 1979.

Fischer, Heinz-Dietrich / Otto B. Roegele (Hrsg.): Ausbildung für Kommunikationsberufe in Europa. Praktiken und Perspektiven, Düsseldorf 1977.

Fischer, Heinz-Dietrich / Christopher C. Trump (Hrsg.): Education in Journalism. The 75th Anniversary of Joseph Pulitzer's Ideas at Columbia University (1904–1979), Bochum 1980.

Franzmann, Bodo et al.: Arbeitsfeld Buch. Berufe zwischen Produktion und Leser, Frankfurt a. M. 1972.

Franzmann, Bodo / Wulf Zitzelsberger: Arbeitsfeld Presse und Öffentlichkeitsarbeit, Frankfurt a. M. 1974.
Werner Friedmann-Institut München e. V. (Hrsg.): Zehn Jahre Werner Friedmann-Institut. Die Ausbildung junger Journalisten, München 1959.

Giesen, Frank: Hochschulunterricht im Medienverbund. Evaluation des Reformprojekts »Einführung in die Kommunikationswissenschaft«, München 1978.
Gottschlich, Maximilian / Fritz Karmasin: Beruf: Journalist. Eine Imageanalyse – Bevölkerung, Politiker, Journalisten urteilen, Wien (1979).

Hilgenstock, Ralf: Berufsperspektive: Journalist/in. Bericht eines Modellseminars zur Einführung in journalistische Arbeitsfelder. Werkstattberichte, Bonn 1983.
Hömberg, Walter (Hrsg.): Journalisten-Ausbildung. Modelle – Erfahrungen – Analysen, München 1978.
Hupka, Stefan et al.: Unter Druck. Journalist werden – aber wie? Reinbek bei Hamburg 1986.

Kaiser, Ulrike (Red.): Journalist werden? Ausbildungsgänge und Berufschancen im Journalismus, Stand 1986/87, Bonn 1986.
Kepplinger, Hans Mathias: Angepaßte Außenseiter. Was Journalisten denken und wie sie arbeiten, Freiburg 1978.

Lahusen, Andreas: Presseberufe im Gemeinsamen Markt, Berlin 1973.
Langenbucher, Wolfgang R. / Hans Mahle: Unterhaltung als Beruf? Herkunft, Vorbildung, Berufsweg und Selbstverständnis einer Berufsgruppe, Berlin 1974.
LaRoche, Walther von: Einführung in den praktischen Journalismus. Mit genauer Beschreibung der Ausbildungswege in Deutschland, Österreich, Schweiz, 10. neuüberarb. Aufl., München 1987.
LaRoche, Walther von / Axel Buchholz: Radio-Journalismus. Ein Handbuch für Ausbildung und Praxis im Hörfunk, München 1980.
Löffler, Martin (Hrsg.): Die Ausbildung des publizistischen Nachwuchses bei Presse, Rundfunk, Fernsehen, Film, Schallplatte, Meinungsforschung und Werbung, München – Berlin 1961.

Maletzke, Gerhard: Publizistikwissenschaft zwischen Geistes- und Sozialwissenschaften, Berlin 1967.
Matthies, Marie: Journalisten in eigener Sache. Zur Geschichte des Reichsverbandes der deutschen Presse, Berlin 1969.
Meyn, Hermann: Journalistenausbildung in der Bundesrepublik Deutschland, Bonn 1978.
Mohn, Siegfried H.: Die Ausbildung des Journalisten-Nachwuchses in Deutschland, wirtsch.- und sozialwiss. Diss. Erlangen–Nürnberg 1963.

Nielsen, Uwe / Jürgen Koch: Arbeitsfeld Funk und Fernsehen, Frankfurt a. M. 1973.

Paetzold, Ulrich: Warum Ausbildung für Journalisten? Ein kommunikationspolitisches Problem der Publizistikwissenschaft, Bern – Frankfurt 1975.
Publizistik (Hrsg.): Themenheft zur Journalistenausbildung, Konstanz 1974/75.
Pürer, Heinz: Aus- und Fortbildung für Journalisten in Österreich. Eine Bestandsaufnahme, Salzburg 1980.

Roegele, Otto B.: Das Institut für Kommunikationswissenschaft (Zeitungswissenschaft) der Universität München, in: Heinz-Dietrich Fischer (Hrsg.): Positionen und Strukturen im Printmedienbereich. Skizzen und Analysen aus der Praxis. Festschrift für Dietrich Oppenberg zum 70. Geburtstag, Düsseldorf – Wien 1987 (im Druck).
Ruß-Mohl, Stefan (Hrsg.): Wissenschaftsjournalismus. Ein Handbuch für Ausbildung und Praxis, München 1986.

Saxer, Ulrich: Publizistische Qualität und journalistische Ausbildung, Zürich 1981.
Schneider, Wolf: Hamburger Journalistenschule, in: Heinz-Dietrich Fischer (Hrsg.): Publikums-Zeitschriften in der Bundesrepublik Deutschland. Palette – Probleme – Perspektiven, Konstanz 1985, S. 88–109.
Schreiber, Erhard: Repetitorium Kommunikationswissenschaft, München 1980.
Schulze, Volker (Hrsg.): Wege zum Journalismus, 3. erw. Aufl., Bonn 1986.
Siepmann, Ralf: Journalistische Qualifikation und gesellschaftliche Kommunikation. Soziologische Prämissen reformierter Ausbildung für Kommunikationsberufe, Bochum 1976.
Studnitz, Cecilia von: Kritik des Journalisten. Ein Berufsbild in Fiktion und Realität, München 1983.

Traumann, Gudrun: Journalistik in der DDR. Sozialistische Journalistik und Journalistenausbildung an der Karl-Marx-Universität, Leipzig 1971.

UNESCO: Education for Journalism, Paris 1954.
UNESCO: Training for Mass Communication, Paris 1975.

Westerbarkey, Joachim (Hrsg.): Studienführer Publizistik/Journalistik/Kommunikation, München 1981.
Wiesand, Andreas J.: Journalisten-Bericht. Berufssituation – Mobilität – Publizistische »Vielfalt«, Berlin 1977.
Wodraschke, Georg (Hrsg.): Medienpädagogik und Kommunikationslehre, München 1979.
Wodraschke, Georg / Theodor Spiering / Eva Bosch: Pädagogische Kommunikationsberufe: Ausbildungsmodell Diplom-Mediator, Freiburg 1978.
Wrede, Richard: Handbuch der Journalistik, Berlin 1902.

Kurzbiographien der Autoren

Bartelt-Kircher, Gabriele (geb. 1950), ist seit 1980 Leiterin der Ausbildungsredaktion der Westdeutschen Allgemeinen Zeitung, Essen.

Dorn, Dr. Anton Magnus (geb. 1940), ist seit 1975 Studienleiter des Instituts zur Förderung publizistischen Nachwuchses e.V., München.

Fischer, Dr. Heinz-Dietrich (geb. 1937), ist seit 1974 Leiter der Sektion für Publizistik und Kommunikation der Ruhr-Universität, Bochum.

Hadel, Dr. Werner von (geb. 1930), ist seit 1970 Direktor des Deutschen Instituts für publizistische Bildungsarbeit, Hagen.

Herppich, Dr. Hans-Günther (geb. 1929), ist neben seiner Tätigkeit in einer Werbeagentur seit 1977 Leiter der Werbefachlichen Akademie Köln e.V., Köln.

Saur, Dr. Klaus G. (geb. 1941), ist Geschäftsführer der auch in London, New York und Paris tätigen K. G. Saur Verlag GmbH & Co. KG, München.

Schmitt, Karl Volker (geb. 1927), ist seit 1982 Leiter der Zentralen Fortbildung der Programm-Mitarbeiter (ZFP) von ARD und ZDF, Frankfurt a. M.

Sellheim, Armin (geb. 1929), ist seit 1981 Direktor der Akademie für Publizistik, Hamburg.

Schulze-Fürstenow, Günther (geb. 1927), ist seit 1980 Dozent und seit 1985 Vorstandsmitglied / Pädagogischer Leiter des DIPR – Deutsches Institut für Public Relations e.V., Hamburg.

Stuckmann, Heinz D. (geb. 1922), ist seit 1968 Direktor der Kölner Schule – Institut für Publizistik e.V., Köln.

Völkel, Helmut (geb. 1950), ist seit Frühjahr 1986 Referent der cpa – Christliche Presse-Akademie, Frankfurt a. M.

Titel der Schriftenreihe Journalismus

Band 1
Emil Dovifat / Karl Bringmann (Hrsg.)
Zeitungsfachliche Fortbildungskurse
Vorträge 1951–1960
(vergriffen)

Band 2
Emil Dovifat / Karl Bringmann (Hrsg.)
Zeitungsfachliche Fortbildungskurse
Vorträge 1961
(vergriffen)

Band 3
Hans Stöcker
Zur Drupa 1962 – 250 Jahre Düsseldorfer Presse
(vergriffen)

Band 4
A. Binkowski / F. Ronneberger / J.-L. Hébarre / K. E. Wenzel / H. Eich / M. Rühl / R. Fabian
Konzentration und Kooperation der Presse
(vergriffen)

Band 5
Die Bedeutung des Lokalen
(vergriffen)

Band 6
Horstpeter Klein
Die öffentliche Aufgabe der Presse
Eine verfassungsrechtliche und rechtspolitische Untersuchung der Presse in der Demokratie

Band 7
Elisabeth Noelle-Neumann
Umfragen zur inneren Pressefreiheit
Das Verhältnis Verlag – Redaktion

Band 8
Elisabeth Noelle-Neumann / Franz Ronneberger / Heinz-Werner Stuiber
Streitpunkt lokales Pressemonopol
Untersuchungen zur Alleinstellung von Tageszeitungen

Band 9
Heinz-Dietrich Fischer / Otto B. Roegele (Hrsg.) unter Mitarbeit von Barbara Baerns
Ausbildung für Kommunikationsberufe in Europa
Praktiken und Perspektiven

Band 10
Dieter Wolz
Die Presse und die lokalen Mächte
Eine empirische sozialwissenschaftliche Untersuchung über Pressekonkurrenz und Herrschaft in der Gemeinde

Band 11
Heinz-Dietrich Fischer (Hrsg.)
Chefredakteure
Publizisten oder Administratoren? Status, Kompetenz und kommunikative Funktion von Redaktionsleitern bei Tages- und Wochenzeitungen

UNIVERSITÄTSVERLAG KONSTANZ GMBH

Titel der Schriftenreihe Journalismus

Band 12
Gertraude Steindl (Hrsg.)
Publizistik aus Profession
Festschrift für Johannes Binkowski

Band 13
Günter Götz
Der Markt für Videotext
Konsequenzen für Zeitungsbetrieb und Pressevielfalt

Band 14
Paul Roth
Sow-Inform
Nachrichtenwesen und Informationspolitik der Sowjetunion

Band 15
Walter Hömberg / Wolfgang R. Langenbucher / Erhard Schreiber (Hrsg.)
Kommunikation im Wandel der Gesellschaft
Festschrift für Otto B. Roegele
2., revidierte und erweiterte Auflage

Band 16
Heinz-Dietrich Fischer
Auslandskorrespondenten in der Bundesrepublik Deutschland
Status, Aufgaben, Arbeitsprobleme professioneller Presseberichterstatter aus Bonn
Mit einem Geleitwort von Bundesaußenminister Hans-Dietrich Genscher

Band 17
Kurt Koszyk / Volker Schulze (Hrsg.)
Die Zeitung als Persönlichkeit
Festschrift für Karl Bringmann

Band 18
Manfred Rühl / Heinz-Werner Stuiber (Hrsg.)
Kommunikationspolitik in Forschung und Anwendung
Festschrift für Franz Ronneberger

Band 19
Hermann Boventer
Ethik des Journalismus
Zur Philosophie der Medienkultur

Band 20
Ulrich Nussberger
Das Pressewesen zwischen Geist und Kommerz

Band 21
Claudia Mast
Der Redakteur am Bildschirm
Auswirkungen moderner Technologien auf Arbeit und Berufsbild des Journalisten

Band 22
Heinz-Dietrich Fischer (Hrsg.)
Publikumszeitschriften in der Bundesrepublik Deutschland
Palette – Probleme – Perspektiven

Band 23
Claudia Mast
Tageszeitung und Neue Medien
Zum Engagement der Presse im elektronischen Umfeld

UNIVERSITÄTSVERLAG KONSTANZ GMBH

Titel der Schriftenreihe Journalismus

Band 24
Rüdiger Zuck
Das Zeitungspersönlichkeitsrecht
Ein Plädoyer für das Grundrecht
der Pressefreiheit

Band 25
Elisabeth Noelle-Neumann
Die Antwort der Zeitung auf das Fernsehen
Geschichte einer Herausforderung

Band 26
Heinz-Dietrich Fischer (Hrsg.)
Außeruniversitäre Aus- und Weiterbildung für publizistische Berufe
Konzepte – Kriterien – Konturen

Beiheft 2
Maria Cooper
Horace Greeley als publizistische Persönlichkeit
Ein Beitrag zur Entwicklungsgeschichte
des amerikanischen Journalismus
(1820–1870)
(vergriffen)

Beiheft 3
Elisabeth Noelle-Neumann (Hrsg.)
Farbfernsehen und Zeitung
(vergriffen)

Beiheft 4
Winfried Schulz / Emil Dovifat /
Günter Kieslich / Karl Bringmann (Hrsg.)
Der Inhalt der Zeitungen
Eine Inhaltsanalyse der Tagespresse in der
Bundesrepublik Deutschland (1967) mit
Quellentexten früherer Inhaltsanalysen
in Amerika, Frankreich und Deutschland
(vergriffen)

Zu beziehen durch jede Buchhandlung

UNIVERSITÄTSVERLAG KONSTANZ GMBH

Schriften der Deutschen Gesellschaft für COMNET

Herausgegeben von Otto B. Roegele und Walter J. Schütz

COMNET

International Network of Centres for Documentation on Communication Research and Policies – ist das seit 1970 unter der Schirmherrschaft der UNESCO entstehende weltweite Netz von Dokumentationszentren für die Kommunikationsforschung und -praxis

Band 1
Franz Ronneberger
unter Mitwirkung von Ulla Meister und Manuela Reith

Neue Medien

Vorteile und Risiken für die Struktur der demokratischen Gesellschaft und den Zusammenhalt der sozialen Gruppen – Eine Literaturstudie

Band 2
Gerd G. Kopper

Massenmedien – Wirtschaftliche Grundlagen und Strukturen

Analytische Bestandsaufnahme der Forschung 1968–1981

Band 3
Hans Bohrmann/Wilbert Ubbens

Kommunikationsforschung

Eine kommentierte Auswahlbibliographie der deutschsprachigen Untersuchungen zur Massenkommunikation 1945 bis 1980

UNIVERSITÄTSVERLAG KONSTANZ GMBH

Schriften der Deutschen Gesellschaft für COMNET

Herausgegeben von Otto B. Roegele und Walter J. Schütz

Band 4
Christina Holtz-Bacha
Publizistik-Bibliographie
Eine internationale Bibliographie von Nachschlagewerken zur Literatur der Kommunikationswissenschaft

Band 5
Claudia Mast
Medien und Alltag im Wandel
Eine Literaturstudie zu Akzeptanz und Nutzung alter und neuer Medien

Band 6
Angela Fritz / Alexandra Suess
Lesen
Die Bedeutung der Kulturtechnik Lesen für den gesellschaftlichen Kommunikationsprozeß

Band 7
Christian Breunig
Kommunikationspolitik der UNESCO
Dokumentation und Analyse der Jahre 1946 bis 1987

Zu beziehen durch jede Buchhandlung

UNIVERSITÄTSVERLAG KONSTANZ GMBH

Einzelveröffentlichungen zur Publizistik- und Kommunikationswissenschaft, zur Presse- und Mediengeschichte

Viele Stimmen — eine Welt
Kommunikation und Gesellschaft — heute und morgen
Bericht der Internationalen Kommission zum Studium der Kommunikationsprobleme unter dem Vorsitz von Sean MacBride an die UNESCO
Herausgegeben von den UNESCO-Kommissionen der Bundesrepublik Deutschland, Österreichs und der Schweiz
Übersetzung aus dem Englischen: Eva M. Lenz
Redaktion: Horst Richter

Hansjürgen Koschwitz und Günter Pötter (Hrsg.)
Publizistik als Gesellschaftswissenschaft
Internationale Beiträge
Beiträge von Claude Bellanger, Heinrich Benedikt, Karl Buchheim, Roger Clausse, Gilbert Cohen-Séat, Karin Dovring, Gottfried Eisermann, Alfred Frankenfeld, Ludwig Gesek, Till Grupp, Jay Jensen, Mieczyslaw Kafel, Günter Kieslich, Vladimír Klimeš, Joachim Knoll, René König, Hansjürgen Koschwitz, Friedrich Lenz, Marianne Lunzer-Lindhausen, Albert Oeckl und Ernst Straßl, Walter Pollak, Walter Nutz, Franz Ronneberger, Pierre-Paul Sagave, Hans-Joachim Schoeps, Heinz-Otto Sieburg, Alphons Silbermann, Albrecht Timm, Klaus W. Wippermann

Deutsche Gesellschaft für Publizistik- und Zeitungswissenschaft
Publizistik · Zeitungswissenschaft
Communication Research · Journalism
Dokumentation 1970

Walter J. Schütz
Zeitungen in der Bundesrepublik Deutschland 1983

Friedrich Kübler
Kommunikation und Verantwortung
Eine verfassungstheoretische und rechtspolitische Skizze zur Funktion professioneller und kollegialer Autonomie in Presse, Funk und Hochschule

Peter Hunziker
Das Publikum als Marktpartner im »publizistischen Wettbewerb«

Manfred Fuhrmann
Rhetorik und öffentliche Rede
Über die Ursachen des Verfalls der Rhetorik im ausgehenden 18. Jahrhundert

Zu beziehen durch jede Buchhandlung

UNIVERSITÄTSVERLAG KONSTANZ GMBH

Leben im 18. Jahrhundert

Herrschaft – Gesellschaft – Kultur – Religion – Wirtschaft

Dokumentiert und dargestellt anhand von Akzidenzdrucken der Wagnerschen Druckerei in Ulm
von Elmar Schmitt

284 Seiten, 177 Akzidenzdrucke in 250 Abbildungen, farbiger Einband, DM 49,80

Krieg, Not, Elend und Räubertum, erwachendes bürgerliches Selbstbewußtsein und Wirtschaftskrisen, Barock und Rokoko, Aufklärungs- und Erziehungsprogramme, Frömmigkeit und Aberglaube, Wissensdurst und Sensationsgier – die gesamte widersprüchliche Welt des 18. Jahrhunderts spiegelt sich in den Akzidenzdrucken der Wagnerschen Druckerei in Ulm.

Diese widersprüchliche Welt präsentiert Elmar Schmitt in 177 Akzidenzdrucken in 250 Abbildungen, die in diesem Band auf faszinierende Weise vom Leben der Menschen in einer vergangenen Epoche erzählen.

Es ist ein Glücksfall, daß die einzigartige Sammlung von Christian Ulrich Wagner II. erhalten geblieben ist, so daß diese Dokumente nun erstmals einer historisch interessierten Öffentlichkeit vorgestellt werden können, zumal das Alltagsleben vergangener Zeiten mehr und mehr allgemeines Interesse findet.

Viele der ausgewählten Akzidenzdrucke beziehen sich auf die im 18. Jahrhundert im Brennpunkt der Mächte stehende alte Reichsstadt Ulm und ihr Herrschaftsgebiet. Doch der Autor macht deutlich, daß die vorgelegten »Quellen« repräsentativ sind für die Lebensumstände und geschichtlichen Entwicklungen anderer Städte und Herrschaften der deutschen Länder.

Zu beziehen durch jede Buchhandlung

ROSGARTEN VERLAG KONSTANZ